本书受山东师范大学经济学院学科振兴计划资助

本书受教育部人文社会科学研究青年基金项目《国际知识产权壁垒对中国高技术产业供应链安全影响研究》（22YJCGJW007）资助

山东省高等学校青创科技支持计划

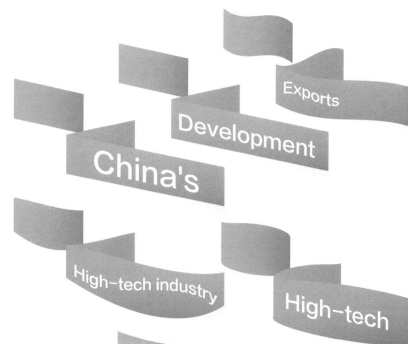

HIGH QUALITY DEVELOPMENT OF
CHINA'S HIGH-TECH
INDUSTRY EXPORTS

中国高技术产业
出口高质量发展

曲丽娜 ◎著

中国财经出版传媒集团

经济科学出版社
Economic Science Press
·北京·

图书在版编目（CIP）数据

中国高技术产业出口高质量发展 / 曲丽娜著.
北京 ： 经济科学出版社，2024. 8. -- ISBN 978 - 7 - 5218 -
6267 - 6

Ⅰ. F752. 62

中国国家版本馆 CIP 数据核字第 20247DQ073 号

责任编辑：刘　莎
责任校对：李　建
责任印制：邱　天

中国高技术产业出口高质量发展
ZHONGGUO GAOJISHU CHANYE CHUKOU GAOZHILIANG FAZHAN

曲丽娜　著

经济科学出版社出版、发行　新华书店经销
社址：北京市海淀区阜成路甲 28 号　邮编：100142
总编部电话：010 - 88191217　发行部电话：010 - 88191522
网址：www. esp. com. cn
电子邮箱：esp@ esp. com. cn
天猫网店：经济科学出版社旗舰店
网址：http：//jjkxcbs. tmall. com
固安华明印业有限公司印装
710 × 1000　16 开　10 印张　130000 字
2024 年 8 月第 1 版　2024 年 8 月第 1 次印刷
ISBN 978 - 7 - 5218 - 6267 - 6　定价：58. 00 元
（图书出现印装问题，本社负责调换。电话：010 - 88191545）
（版权所有　侵权必究　打击盗版　举报热线：010 - 88191661
QQ：2242791300　营销中心电话：010 - 88191537
电子邮箱：dbts@ esp. com. cn）

前　　言

　　自中国融入经济全球化进程以来，出口贸易在经济发展过程中发挥着越来越重要的作用。为推动出口发展，政府出台了一系列鼓励出口的政策。2012年，国务院办公厅发布《关于促进外贸稳定增长的若干意见》，强调深入实施科技兴贸和以质取胜战略，扩大技术和资金密集型的机电产品、高技术高附加值产品和节能环保产品出口。2015年，国务院办公厅又发布《关于促进进出口稳定增长的若干意见》，强调加大出口信用保险支持力度，加快出口退税进度。2020年，全球疫情持续蔓延，我国外贸形势严峻，国务院办公厅颁布《关于进一步做好稳外贸稳外资工作的意见》，提出尽快新增市场采购贸易方式试点，带动中小微企业出口。加大对出口企业提供技术贸易措施咨询服务力度，助力企业开拓海外市场。2024年，国务院常务会议审议通过《关于促进外贸稳定增长的若干政策措施》，提出要加大金融支持力度，扩大出口信用保险承保规模和覆盖面。可见，中国政府高度重视出口贸易的发展。

　　中国自2009年开始便保持着世界第一出口大国的地位，高技术产品的出口也保持着不断增长的势头，逐步发展成高技术产品出口大国，但由于对国外市场核心部件和技术的依赖，中国出口的增加值较低，虽是出口大国却非出口强国。中国目前的出口增长仍是以集约边际为主的增长方式，高技术产品的出口也主要是由集约边际中的数量边际带动，扩展边际和价格边际的促进作用很小。

从给予高技术产品严格知识产权保护的《与贸易有关的知识产权协议》（TRIPs）到高标准的"TRIPs – Plus"协定，再到制订了更高标准知识产权条款的跨太平洋伙伴关系协定（*Trans – Pacific Partnership Agreement*，TPP）以及全面与进步跨太平洋伙伴关系协定（*Comprehensive and Progressive Agreement for Trans – Pacific Partnership*，CPTPP），知识产权的国际保护水平越来越高，同时与贸易有关的知识产权纠纷也日益激烈。高技术产品与知识产权保护紧密相关，进口国加强知识产权保护会对我国高技术产品出口产生怎样的影响？我国高技术企业能否在高标准知识产权保护的国际要求下更健康持续地发展？

近年来，中国对外直接投资取得快速增长，从 2003 年的 28.5 亿美元迅速增长到 2022 年的 1 631.2 亿美元，对外投资规模保持世界前列。虽然我国 OFDI 和高技术产品出口都取得了长足进步，但 OFDI 的质量和效率有待提高，高技术产品生产仍处于全球价值链低端。中国对外直接投资的发展与高技术产品出口之间究竟存在怎样的关系？我国应如何充分发挥 OFDI 对技术进步的积极作用，进而带动高技术产品出口？

在当前国际贸易保护主义日趋加剧，全球政治经济环境愈发不稳定，尤其是中美贸易摩擦不断升级的态势下，经济政策不确定性大大加强。特朗普贸易政策让世界笼罩在极度"不确定性"的阴霾之下。政策不确定性对于我国高技术企业的出口会产生怎样的影响？我国在开放经济条件下，应该如何克服外部经济政策不确定性的影响，促进出口高质量发展？

　　党的二十大报告提出要加快发展数字经济，促进数字经济和实体经济深度融合。2022年，我国数字经济规模达到50.2万亿元，数字经济占GDP的比重从2002年的10%增长到2022年的41.5%。数字经济在支持抗击新冠疫情和恢复生产生活方面发挥了重要作用，对于构建新发展格局、建设现代化经济体系以及构筑国家竞争新优势都具有重要意义。在当前外部环境恶化的情况下，出口是企业摆脱增长困境的主要突破口。那么数字经济发展是不是驱动高技术企业出口增长的重要原因？数字经济发展通过何种渠道促进高技术企业出口？二者间的关系是否会受当前不确定贸易环境的影响？

　　加强对以上这些问题的研究，对于贯彻新发展理念，加快培育我国国际经济合作与竞争新优势，进而推进建设世界科技强国具有重要的理论与现实意义。因此，本书从知识产权保护、对外直接投资、经济政策不确定性和数字经济四个方面深入分析了其影响中国高技术产品出口的机制，并探讨了如何促进中国高技术产业出口高质量发展。

　　全书共有五章：

　　第一章是中国高技术产业出口概况，主要介绍2003年之后中国高技术产业出口的现实情况。本章首先从高技术产品出口规模、出口数量和出口种类方面分析中国高技术产品出口。数据分析发现，中国高技术产品出口总额和出口数量整体呈增长趋势；高技术产品的出口主要集中在广播、电视、通讯设备类产品。其次，介绍了三元边际分解框架，分别从双边层面和多边层面分析了中国高技术产品出口增长来源。分析发现，中国向世界各主要伙伴国（地区）出口高技术产品的贸易增长以数量边际为主，扩展边际和价格边际对出口增长的贡献不大。中国对比利时、德国、意大利、日本、韩国、泰国的高技术产品出口增长主要是由出口价格边际所推动，对其他伙伴国（地区）

的高技术产品出口增长主要源于出口数量边际推动。

第二章是知识产权保护与出口，主要分析进口国知识产权保护对我国高技术产品出口的影响。本章构建了产品出口增长三元边际模型，选用2003～2019年中国对31个贸易伙伴国（地区）出口高技术产品的面板数据，分析了进口国知识产权保护强度对高技术产品出口三元边际的影响及其出口增长的实现路径。结果表明：中国高技术产品的出口增长以集约边际为主，其中数量边际的促进作用最大，价格边际的作用较小，扩展边际因增长速度缓慢对出口增长的作用最小；进口国加强知识产权保护有利于促进中国高技术产品出口种类的多样化并提高出口价格，但会减少中国出口高技术产品的市场份额及数量。

第三章是对外直接投资与出口，主要分析中国对外直接投资对我国高技术产品出口的影响。本章采用产品出口增长三元边际模型，基于2003～2021年中国对31个国家（地区）直接投资及高技术产品出口贸易的数据，分别从扩展边际、数量边际和价格边际（三元边际）的视角，对中国对外直接投资对高技术产品出口的种类、数量及价格的影响进行实证研究。研究发现：总体而言，中国对外直接投资的增加对高技术产品出口增长具有显著的促进作用。进一步研究发现，中国对外直接投资对高技术产品的出口种类增加有正向影响，对出口数量的增加以及出口价格的提高均具有显著促进作用。在此基础上，本章从扩大对外直接投资、积极推进自由贸易协定谈判、转变对外直接投资战略、增强自主创新能力等方面提出促进高技术产品出口的政策建议。

第四章是经济政策不确定性与出口，主要分析我国经济政策不确定性对高技术产品出口的影响。本章利用贝克等（Baker et al.,

2016）制定的经济政策不确定性指数，研究 2003～2017 年中国的经济政策不确定性对高技术产品出口扩展边际、数量边际和价格边际的影响。研究发现，经济政策不确定性对中国高技术产品出口贸易的抑制效应表现为扩展边际和数量边际的下降，即出口种类和数量的减少，对出口价格边际起促进作用。进一步研究发现，相较中等收入国家，中国对高收入水平的国家（地区）出口高技术产品受中国经济政策不确定性的影响更加明显和强烈；受金融危机冲击，国内经济政策不确定性对出口扩展边际和价格边际的影响也变得更加剧烈。基于此，本章从稳定经济政策、加强技术创新和深化经贸合作方面提出促进高技术产品出口发展的政策建议。

第五章是数字经济与出口，主要分析数字经济发展对我国高技术企业出口的影响。本章采用动态方法测度了企业出口增长的三元边际，并以互联网普及率测度数字经济发展水平，利用 2000～2007 年中国工企海关数据研究数字经济发展对高技术企业出口的影响，并深入挖掘这一影响的作用机制。研究发现：数字经济发展对高技术企业参与出口市场、扩展边际及集约边际提升均具有显著促进作用，主要通过降低交易成本、技术创新和扩大生产规模影响高技术企业出口三元边际。异质性结果表明，数字经济发展更有利于推动高技术企业中的加工贸易企业、非国有企业、本土企业、科技创新型企业以及东部地区企业参与出口市场以及出口集约边际的增长，对于一般贸易企业、应用互动型企业以及中西部地区企业的出口扩展边际促进作用更大。进一步研究发现，在不确定贸易环境下，数字经济发展能够对企业出口起到显著促进作用，有效应对不确定性对出口的冲击。基于此，本章提出应持续加强数字基础设施基础建设，充分发挥数字经济对高技术企业出口的促进效应。

目　　录

第一章 中国高技术产业出口概况

本章首先对中国高技术产业的出口情况进行描述分析，分别从高技术产品出口规模、数量和种类分析我国高技术产品出口的现实情况，其次借助三元边际分解框架重点介绍我国高技术产品出口增长情况，有助于对本书研究主体形成较为全面和清楚的认识。

第一节 中国高技术产品出口贸易

一、中国高技术产品出口规模

OECD（2011）将高技术产品采用 ISIC Rev. 3 进行分类，主要包括药品（2423），办公、会计和计算机器（30），广播、电视和通讯设备（32），医疗、精密光学仪器（33）及航空航天（353）五大类产品。本节将 ISIC Rev. 3 转换为 HS02 六位编码，通过 CE-PII BACI 数据库整理出 2003～2022 年中国高技术产品出口的贸易数据。图 1-1 展示了按照这一方法汇总的高技术产品出口总额及出口总额年增长率的变化趋势。从图中可以看出，中国高技术产品的出口总额整体呈现逐渐增长趋势，2003 年中国高技术产品的出口总额仅为 1 081.64 亿美元，至 2022 年这一数值快速增长到 7 871.84 亿美元，年均增长率高达 11.01%[①]。同时，中国高技术产品的出口表现出两次下降特征，第一次是 2009 年，受国际金融危机的影响，国外市场对中国高技术产品的需求减少，因此我国高技术产品出口经历了小幅下降；第二次是 2016 年，高技术产品的出口再次呈现下降趋势。2019 年我国高技术产品出口出现小幅下降，可能是受中美贸易摩擦的影响。相对应地，中国高技术产品出口的年增长率在 2009 年、2016 年、2019 年及 2022 年降至负值，其他年份均保持着正增长率。2004 年高技术产品的出口总额增长最快，其次是 2005 年，但大部分年份高技术产品出口的增长缓慢，平均保持在 11.75% 的速度[②]。

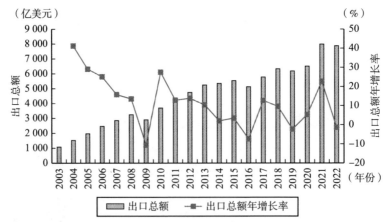

图 1-1 2003～2022 年中国高技术产品出口总额和年增长率

资料来源：根据 CEPII BACI 数据库整理得到。

---

①② 数据来源：根据 CEPII BACI 数据库计算而得。

二、中国高技术产品出口数量

图 1-2 展示了中国高技术产品的出口数量和出口增长率的变动趋势，可以看出，高技术产品出口数量与出口总额的变化趋势并非一致。总体来看，中国高技术产品的出口数量呈增长状态。从 2003 年的 606.22 万吨增长到 2022 年 2 023.11 万吨，年均复合增长率 6.55%。其中，2012 年的增速最高，达到 43.35%，2013 年以 37.91% 的负增长成为数量下降最多的年份，平均增长率为 8.73% 。增长率的下降对应出口数量的减少，从图中可以清楚看出样本期间内出口数量出现 6 次下降。

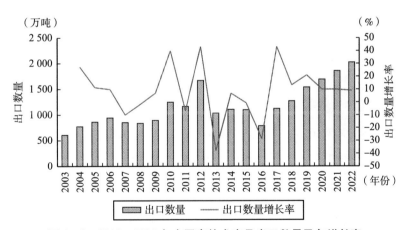

图 1-2 2003~2022 年中国高技术产品出口数量及年增长率

资料来源：根据 CEPII BACI 数据库整理得到。

三、中国高技术产品出口种类

图1-3描绘了中国高技术产品出口的分布情况。从图中可清楚看出，出口产品主要集中在广播、电视、通讯设备这类产品，样本期间该类产品出口额占总出口额的比重平均在68.83%。其次，高技术产品中的医疗、精密光学仪器，所占比重平均为13.31%。在五类产品中占比最低的是航空航天产品，平均比重仅为0.59%。下面具体分析每类产品的变化趋势。首先看航空航天产品，由于这类产品的出口额微乎其微，在图中无法清晰看出增长趋势。通过具体数据得知，2003~2017年航空航天产品的出口呈现逐年增长的趋势，从2003年的7.22亿美元以年均复合增长率14.74%的速度增长到2017年的49.46亿美元。虽然航空航天产品的出口额及所占比重最低，但年均复合增长率是五类产品中最高的。其次分析药品，该产品出口额仅在2009年出现微小缩减，其他年份均保持增长态势，年均复合增长率达到13.07%。再看办公、会计和计算机器类产品，这类产品出口额的波动较频繁，经历过多次上升下降，如在2003~2006年表现为上升趋势，2007~2009年下降，2010年又上升、2011年下降，2012~2014年上升，2015~2016年下降，2017年上升，呈现反复的上升下降状态。广播、电视和通讯设备类产品的出口额整体上是增长状态，但在2009年和2015~2016年出现过小幅下降。年均复合增长率位列第二，达到14.44%。最后是医疗、精密光学仪器类产品，这类产品以年均复合增长率11.63%的速度从2003年的165.10亿美元增长到2017年的770.48亿美元，发展成为五类产品占比中的第二位，但与第一大类产品

的出口额相差甚远。

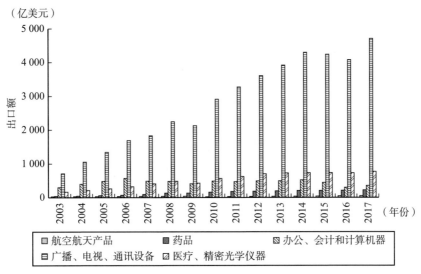

图1-3 中国高技术产品出口种类分布

资料来源：CEPII BACI 数据库整理得到。

第二节 中国高技术产品出口增长边际

　　根据新新贸易理论，一国贸易增长可以分解为扩展边际和集约边际，这种二元分解有助于从微观角度深入了解贸易增长的特征。进一步地，集约边际可以被分解为数量边际和价格边际，能更精准地度量外贸增长的来源。因此，本节采用胡梅尔斯和克莱诺（Hnmmels & Klenow，2005）的分解方法将中国高技术产品的出口分解为扩展边际、数量边际和价格边际，客观度量影响高技术产品出口增长的源泉。

一、三元边际的分析框架

根据新新贸易理论，一国贸易增长可以分解为集约边际和扩展边际，这种二元分解有助于从微观角度深入了解贸易增长的特征。进一步地，集约边际可以被分解为数量边际和价格边际，能更精准地度量外贸增长的来源。本节采用了胡梅尔斯和克莱诺（2005）的分解方法来分析中国高技术产品出口增长的原因。

首先，根据扩展边际在产品方面的定义，得到公式（1.1）：

$$EM_{jm} = \frac{\sum_{i \in I_{jm}} P_{rmi} X_{rmi}}{\sum_{i \in I_{rm}} P_{rmi} X_{rmi}} \tag{1.1}$$

其中，j 代表中国，r 代表参考国，m 代表贸易伙伴国（进口国）。I_{jm}，I_{rm} 分别代表中国和参考国向伙伴国出口商品的集合。本节将参考国定义为整个世界，这样便能保证 $I_{jm} \in I_{rm}$，公式的分子代表世界和中国对 m 国出口相同商品的世界价值，分母代表世界对 m 国出口的商品总额。其经济学含义为"世界与中国对 m 国出口的相同商品贸易量占世界总贸易量的比值"，这一比值越大，说明中国出口商品种类越多，从而扩展边际越大。

其次，定义产品集约边际，得到公式（1.2）：

$$IM_{jm} = \frac{\sum_{i \in I_{jm}} P_{jmi} X_{jmi}}{\sum_{i \in I_{jm}} P_{rmi} X_{rmi}} \tag{1.2}$$

式（1.2）中，分子代表中国的出口量，分母代表世界与中国在相同商品上的贸易量。集约边际表示在相同商品的出口中，中国出口占世界总出口的比重。这一比重越大，说明中国对同一商品的出口数量越多，从而集约边际越大。

将产品扩展边际式（1.1）与集约边际式（1.2）相乘，得到 j 国出口占世界出口的比重：

$$\frac{\sum_{i \in I_{jm}} P_{jmi} X_{jmi}}{\sum_{i \in I_{rm}} P_{rmi} X_{rmi}} = EM_{jm} \cdot IM_{jm} \tag{1.3}$$

式（1.3）左边表示中国出口占世界出口的比重，右边表示出口的扩展边际和集约边际的乘积，表明一国出口的商品种类越多，或是在相同商品上的出口量越大，都可以带来较大的市场份额。

将集约边际分解为价格边际和数量边际的乘积：

$$IM_{jm} = P_{jm} \cdot Q_{jm} \tag{1.4}$$

价格边际和数量边际分别为

$$P_{jm} = \prod_{i \in I_{jm}} \left(\frac{p_{jmi}}{p_{rmi}}\right)^{w_{jmi}} \tag{1.5}$$

$$Q_{jm} = \prod_{i \in I_{jm}} \left(\frac{q_{jmi}}{q_{rmi}}\right)^{w_{jmi}} \tag{1.6}$$

权重 W_{jmi} 可以通过式（1.7）计算：

$$W_{jmi} = \frac{\ln S_{jmi} - \ln S_{rmi}}{\sum_{i \in I_{jm}} \frac{S_{jmi} - S_{rmi}}{\ln S_{jmi} - \ln S_{rmi}}} \tag{1.7}$$

其中，S_{jmi} 与 S_{rmi} 分别表示 i 种商品出口占本国出口的比重：

$$S_{jmi} = \frac{P_{jmi} X_{jmi}}{\sum_{i \in I_{jm}} P_{jmi} X_{jmi}} \tag{1.8}$$

$$S_{rmi} = \frac{P_{rmi} X_{rmi}}{\sum_{i \in I_{jm}} P_{rmi} X_{rmi}} \tag{1.9}$$

二、数据来源及处理

本章参照 OECD 标准（2011）中 ISIC Rev. 3 对高技术产品的分类，选择航空航天产品（353）、药品（2423）、办公、会计和计算机器（30）、广播、电视和通信设备（32）、医疗、精密光学仪器（33）五类为高技术产品。根据联合国提供的 ISIC Rev. 3 和 SITC Rev. 3 转换表，整理得出 SITC Rev. 3 五分位商品编码。本章使用 UN Comtrade 数据库中 SITC Rev. 3 五分位双边贸易数据（使用五分位的统计口径可以保证分类足够详细和计算结果的精准），以美元表示，跨度为 2003～2022 年。如果部分国家的某类出口商品在某些年份缺少产品数量值，则去掉该产品；如果数量值为 0，则取为 1。这种情况并不多，因此在统计意义上并不会影响本章的结论。

根据 2015 年中国向世界各经济体出口高技术产品的排名，本章选取了 31 个国家（地区）作为研究对象，分别是德国、美国、日本、意大利、匈牙利、法国、英国、加拿大、卢森堡、比利时、巴西、智利、韩国、中国香港、哥伦比亚、捷克共和国、马来西亚、墨西哥、荷兰、巴基斯坦、波兰、俄罗斯、沙特阿拉伯、新加坡、斯洛伐克、南非、西班牙、泰国、土耳其、俄罗斯、澳大利亚。2021 年，中国对这 31 个国家（地区）出口高技术产品的总值占中国 2020 年高技术产品出口总值的 93.28%，在统计意义上足够具有代表性。

三、中国高技术产品出口的推动因素

（一）多边层面

如表 1 - 1 所示，自 2003 年以来，中国高技术产品出口的扩展边际平均为 0.98，部分年份甚至高达 0.99，说明中国高技术产品的出口种类多样化。同时，出口高技术产品的集约边际总体呈增长态势，2022 年集约边际达到 0.37，相比 2003 年的 0.15，增长了近 1.32 倍，可以看出中国高技术产品出口份额的增加主要是由集约边际推动的。集约边际在这 19 年间的复合增速接近 4.52%，而市场份额在这一期间的年均复合增速为 4.62%。

表 1 - 1　　2003～2022 年中国向世界出口高技术产品的三元边际分解

年份	R	EM	IM	P	Q
2003	0.1494	0.9758	0.1531	0.9051	0.1692
2004	0.1771	0.9790	0.1809	0.8610	0.2101
2005	0.2107	0.9787	0.2153	0.8445	0.2550
2006	0.2275	0.9793	0.2323	0.8517	0.2728
2007	0.2445	0.9427	0.2593	0.8321	0.3117
2008	0.2626	0.9500	0.2764	0.8325	0.3320
2009	0.2700	0.9732	0.2774	0.8109	0.3421
2010	0.2806	0.9831	0.2854	0.7835	0.3643
2011	0.2241	0.9468	0.2368	0.7186	0.3295
2012	0.3989	0.8003	0.4984	0.7884	0.6322
2013	0.2695	0.9611	0.2804	0.8123	0.3452

续表

年份	R	EM	IM	P	Q
2014	0.2812	0.8719	0.3225	0.8365	0.3856
2015	0.2841	0.9603	0.2958	0.7407	0.3993
2016	0.2640	0.8633	0.3058	0.8373	0.3652
2017	0.2777	0.9541	0.2910	0.8270	0.3519
2018	0.2916	0.9803	0.2975	0.8156	0.3648
2019	0.3223	0.9458	0.3407	0.7541	0.4518
2020	0.3550	0.9796	0.3624	0.8918	0.4063
2021	0.3430	0.9774	0.3509	0.8760	0.4006
2022	0.3664	0.9850	0.3720	0.8940	0.4160
年均复合增速（%）	4.6170	0.0891	4.5239	1.1360	3.3499

资料来源：根据 UN Comtrade 数据库中的数据计算得出。

通过各个年份的增长率来看稳健性。通过对中国不同时段高技术产品出口的增速分析（见表 1-2），可以看到市场份额、扩展边际、集约边际、价格边际及数量边际的标准差都很小，标准差小说明增长速度很稳定。相对来说，扩展边际的标准差最小，说明我国出口产品种类的波动小。数量边际的标准差较大，说明出口产品的数量波动大。价格边际部分年份增速为负，但总体呈增长态势。

表 1-2 　　　　2003～2022 年中国向世界出口高技术产品的

三元边际增速分析

时段	R	EM	IM	P	Q
2003~2004	0.1851	0.0033	0.1812	-0.0487	0.2417
2004~2005	0.1902	-0.0003	0.1906	-0.0191	0.2138

时段	R	EM	IM	P	Q
2005~2006	0.0795	0.0007	0.0788	0.0085	0.0697
2006~2007	0.0747	-0.0374	0.1164	-0.0231	0.1427
2007~2008	0.0740	0.0077	0.0658	0.0006	0.0652
2008~2009	0.0281	0.0245	0.0035	-0.0261	0.0304
2009~2010	0.0394	0.0101	0.0290	-0.0337	0.0649
2010~2011	0.0393	-0.0028	0.0423	0.0410	0.0013
2011~2012	0.1050	-0.0351	0.1452	-0.0753	0.2385
2012~2013	0.1015	0.0357	0.0635	0.1825	-0.1007
2013~2014	-0.0337	-0.0023	-0.0315	-0.0177	-0.0141
2014~2015	0.0682	0.0078	0.0599	0.0205	0.0386
2015~2016	-0.0609	-0.0001	-0.0608	0.0495	-0.1051
2016~2017	-0.0159	-0.0031	-0.0128	-0.0606	0.0509
2017~2018	0.0125	0.0048	0.0077	0.0802	-0.0671
2018~2019	0.0023	0.0012	0.0011	-0.0264	0.0283
2019~2020	0.0352	0.0015	0.0337	-0.0762	0.1190
2020~2021	0.0391	0.0032	0.0357	0.0729	-0.0346
2021~2022	-0.0470	0.0002	-0.0472	0.2210	-0.2196
标准差	0.0682	0.0163	0.0712	0.0803	0.1200

资料来源：根据表1-1计算得出。

（二）双边层面

从扩展边际看（见表1-3），中国对31个贸易伙伴国（地区）出口的扩展边际总体呈增长趋势，主要集中在0.96~0.99，仅有对少数国家的出口低于这一范围，说明中国出口高新技术产品的种类越来越多。每个国家的扩展边际均较为集中，仅有小幅波动。

表 1 – 3　　　　2003 ～ 2022 年中国对主要贸易伙伴国（地区）

出口的三元边际

国家/地区	2003 年			2009 年			2015 年			2022 年		
	EM	P	Q	EM	P	Q	EM	P	Q	EM	P	Q
阿根廷	0.849	0.569	0.149	0.913	0.643	0.295	0.930	0.808	0.441	0.981	0.788	0.434
澳大利亚	0.956	0.708	0.108	0.960	0.578	0.263	0.976	0.906	0.265	0.988	1.019	0.272
比利时	0.938	0.546	0.038	0.974	0.474	0.058	0.984	0.704	0.043	0.977	0.996	0.040
巴西	0.803	0.882	0.100	0.951	0.667	0.323	0.924	0.695	0.366	0.955	1.149	0.330
加拿大	0.982	0.970	0.043	0.946	0.773	0.108	0.924	0.945	0.158	0.949	0.997	0.119
智利	0.847	0.749	0.188	0.946	0.723	0.332	0.940	0.798	0.382	0.936	0.872	0.402
哥伦比亚	0.785	0.635	0.116	0.859	0.656	0.240	0.965	0.706	0.353	0.960	0.866	0.414
捷克	0.912	0.799	0.106	0.958	0.774	0.251	0.965	1.417	0.173	0.979	1.426	0.248
法国	0.901	0.780	0.058	0.970	0.741	0.084	0.974	0.974	0.074	0.992	0.949	0.085
德国	0.970	0.721	0.084	0.972	0.716	0.144	0.981	0.905	0.115	0.975	1.087	0.118
中国香港	0.999	0.950	0.325	0.989	0.828	0.585	0.998	0.935	0.602	1.000	1.224	0.352
匈牙利	0.960	1.692	0.102	0.962	0.928	0.231	0.948	0.995	0.196	0.955	0.955	0.156
意大利	0.920	0.488	0.091	0.955	0.547	0.142	0.957	0.805	0.108	0.975	0.971	0.125
日本	0.966	0.815	0.199	0.928	0.757	0.298	0.983	0.783	0.400	0.989	1.118	0.217
韩国	0.973	0.751	0.145	0.982	0.785	0.333	0.990	0.836	0.441	0.997	1.913	0.181
卢森堡	0.571	0.911	0.077	0.708	1.144	0.037	0.849	1.131	0.249	0.739	2.383	0.030
马来西亚	0.996	3.651	0.022	0.976	0.903	0.239	0.994	1.031	0.218	0.996	5.823	0.049
墨西哥	0.976	1.240	0.046	0.975	1.076	0.149	0.971	0.846	0.294	0.991	0.788	0.333
荷兰	0.961	0.666	0.099	0.889	0.675	0.149	0.988	0.793	0.225	0.994	0.839	0.202
巴基斯坦	0.892	0.645	0.221	0.913	0.686	0.369	0.961	1.052	0.432	0.991	0.954	0.527

国家/地区	2003 年			2009 年			2015 年			2022 年		
	EM	P	Q	EM	P	Q	EM	P	Q	EM	P	Q
波兰	0.833	0.831	0.059	0.962	1.003	0.148	0.968	1.108	0.181	0.938	0.750	0.267
俄罗斯	0.904	0.614	0.093	0.950	0.650	0.185	0.961	0.799	0.246	0.979	0.641	0.460
沙特	0.680	0.520	0.067	0.759	0.672	0.181	0.826	0.821	0.140	0.877	0.668	0.264
新加坡	0.989	1.450	0.063	0.960	1.205	0.118	0.994	0.812	0.239	0.990	0.877	0.168
斯洛伐克	0.914	0.941	0.041	0.950	1.467	0.073	0.966	1.000	0.172	0.984	0.533	0.147
南非	0.905	0.763	0.088	0.920	0.756	0.213	0.949	4.776	0.054	0.985	0.864	0.391
西班牙	0.933	0.795	0.055	0.948	0.739	0.096	0.971	1.003	0.096	0.995	0.967	0.145
泰国	0.980	1.086	0.099	0.966	0.898	0.202	0.983	0.734	0.395	0.994	3.400	0.089
土耳其	0.924	0.593	0.114	0.947	0.651	0.224	0.949	0.818	0.322	0.988	0.842	0.312
英国	0.980	0.699	0.076	0.984	0.595	0.122	0.987	0.753	0.131	0.998	0.697	0.208
美国	0.982	0.807	0.136	0.975	0.700	0.235	0.973	0.781	0.308	0.998	0.978	0.186

资料来源：据 UN Comtrade 数据库中的数据计算得出。

从价格边际来看，中国对伙伴国（地区）出口的价格主要介于 0.82~6.98，各国的价格都处于不断波动中。澳大利亚、巴西、加拿大、智利、日本、法国、德国、中国香港、匈牙利、卢森堡、巴基斯坦、波兰、墨西哥、韩国、沙特、俄罗斯、新加坡、斯洛伐克、南非、西班牙只有部分年份价格边际高于 1，其他国家价格边际均小于 1。因此，中国大多数年份对这 31 个国家（地区）出口的价格低于世界向这些国家出口的价格。

从数量边际上看，中国对伙伴国（地区）出口的产品数量很少，大多在 0.5 以内，中国香港 2012 年达到 0.75，巴基斯坦 2020 年达到 0.59。中国对大部分伙伴国（地区）出口的数量均有明显的上升趋势。对比利时、法国、德国的出口数量边际较为稳定，未出现明显波动；对南非、泰国、韩国、卢森堡的出口数量出现大幅波动。

总体来看，中国对伙伴国（地区）的出口扩展边际处于高位且较为稳定，价格边际处于波动之中，数量边际整体呈现增长状态。因此，中国对多数伙伴国（地区）的出口增长主要源于出口数量，对比利时、德国、意大利、日本、韩国、泰国的出口增长则主要是由出口价格所推动。

第三节　小　结

关于高技术产品出口分别从出口规模、出口数量、出口种类和出口增长边际方面分析。高技术产品出口规模和出口数量整体呈增长趋势。高技术产品的出口主要集中在广播、电视、通讯设备类，平均占比高达 68.83%，其次是医疗、精密光学仪器，第三位是办公、会计和计算机器，然后是药品，最后是航空航天产品。

高技术产品出口增长由集约边际中的数量边际推动，价格边际和扩展边际的贡献较小。市场份额、扩展边际、集约边际、价格边际及数量边际这五个指标的增长速度较稳定。双边层面分析表明，中国对伙伴国（地区）的出口扩展边际处于高位且较为稳定，价格边际处于波动之中，数量边际整体呈现增长状态。具体地，从数量边际来看，中国对世界出口高技术产品的数量边际有明显的上升趋势，数量边际对中国出口增长的促进作用最大。除比利时、德国、意大利、日本、韩国、泰国之外，中国对其他伙伴国（地区）的出口增长主要源于出口数量，这与中国总体的出口增长路径一致。从扩展边际来看，中国对世界出口高技术产品的扩展边际平均达到0.98，出口种类较为丰富，但其变化幅度很小，增长速度很慢，因此其对出口增长的贡献很小。中国对31个贸易伙伴国（地区）出口的扩展边际主要呈增长趋势，这意味着中国出口的种类越来越齐全。从价格边际来看，中国对世界出口高技术产品的价格边际呈上下波动态势，大多数年份的出口价格低于世界出口的平均价格，其对出口增长的贡献也不大。就具体国家（地区）而言，中国在大多数年份对31个伙伴国（地区）出口的价格均低于世界出口价格。中国对比利时、德国、意大利、日本、韩国、泰国的出口增长主要是由出口价格所推动。

第二章 国际知识产权保护
与高技术产品出口

高标准的知识产权保护已经成为一种国际趋势。在这一背景下，研究进口国知识产权保护对中国出口高技术产品的长、短期影响，有利于中国高技术产品出口的稳定增长。本章选用 2003～2019 年中国对 31 个贸易伙伴国（地区）出口高技术产品的面板数据，分析了知识产权保护强度对出口三元边际的影响及其出口增长的实现路径。结果表明：进口国加强知识产权保护有利于促进中国高技术产品出口种类的多样化并提高出口价格，但会减少中国出口高技术产品的市场份额及数量。进口国加强知识产权保护对我国高技术产品出口扩展边际的促进作用主要体现在高收入国家（地区），对中等收入国家（地区）出口价格边际的提升作用和出口数量的抑制作用更强烈。国际金融危机之前，进口国加强知识产权保护对我国高技术产品出口市场份额和数量边际具有抑制作用，对出口扩展边际具有促进作用；国际金融危机之后，国际知识产权保护对我国出口价格边际的提升具有显著促进作用。最后，本章从完善知识产权保护制度、增强自主创新能力和推动贸易自由化方面提出有效促进高技术产品出口的政策建议。

第一节　引　言

自"入世"以来，中国的高技术产品出口迅猛发展。据统计，2003 年中国高技术产品的出口额为 1 103 亿美元，2022 年高技术产品出口额已达 9 466.93 亿美元，增加了 7.58 倍，年均复合增长率为 11.98%。高技术产品出口占商品总出口额的比重由 2003 年的 25.17% 增加到 2022 年的 26.59%。可见，中国出口中的科技含量不断提高，知识产权在高技术产品的出口中发挥着越来越重要的作用。从给予高技术产品严格知识产权保护的《与贸易有关的知识产权协议》（TRIPs）到高标准的"TRIPs – Plus"协定，再到制订了更高标准知识产权条款的跨太平洋伙伴关系协定（Trans – Pacific Partnership Agreement，简称 TPP）以及全面与进步跨太平洋伙伴关系协定（Comprehensive and Progressive Agreement for Trans – Pacific Partnership，简称 CPTPP），知识产权的国际保护水平越来越高，同时与贸易有关的知识产权纠纷也日益激烈。

高技术产品的出口已成为中国外贸新的增长点。高技术产品与知识产权保护紧密相关，知识产权能够有效保护高技术产品的技术创新，拥有更多自主知识产权的高技术产品，能够提升中国高技术企业在对外贸易中的核心竞争力，促进高技术产品的对外贸易得到更好更快的发展。2015 年，中国实施了"创新驱动发展战略"，并部署加快推进实施"中国制造 2025"，力争在高技术领域取得突破，推动高技术产业发展。自主知识产权在实施"中国制造 2025"中扮演着举足轻重的角色。然而中国的知识产权保护起步晚、保护水平低，企业缺乏知识产权运用能力，研发成果转化能力不足，严重影响着企业技术创新。并且高技术产品出口以加工贸易为主，拥有自主知识产权的产品比重较低，进口国强劲的知识产权保护致使中国高技术产品出口屡遭产权纠纷。短期来看，进口国加强知识产权保护，不仅增加了中国以模仿为主的高技术企业的生产成本，而且会增加出口贸易中的侵权风险，因此会减少高技术产品的出口。但长期来看，这将有利于激励中国高技术企业的产品研发和技术创新，从而提升高技术产品出口的质量和竞争力。厘清高技术产品知识产权保护的成本代价与长远利益，有利于中国高技术企业在高标准知识产权保护的国际要求下更健康、持续地发展。因此，本章选取高技术产品为研究对象，探索中国高技术产品出口的增长路径，检验国际知识产权保护对其出口贸易的影响，以期提出促进高技术产品出口的对策建议。

第二节　文献综述

从现有文献来看，知识产权保护对一国对外贸易的影响具有不确定性。马斯库斯和佩努巴蒂（Maskus & Penubarti，1995）首次用"市场扩张效应"和"市场势力效应"来解释知识产权对贸易的影响，他们认为知识产权保护对贸易的影响取决于这两种效应谁占主导，因此并不确定。其中，"市场扩张效应"是指进口国加强知识产权保护后，会增加进口国生产商模仿国外技术的成本，从而减少进口国生产商的产品供给。"市场势力效应"是指进口国加强知识产权保护后，会使出口国相关产品在进口国市场形成垄断。出口国为了获取超额垄断利润将会提高价格、缩减产量，也即由于知识产权保护强度的提高而导致出口国减少该产品出口的行为效应。布拉加和芬克（Primo Braga & Fink，1998）及福尔维等（Falvey et al.，2006）也认同这一观点。余长林（2009）认为出口企业会更加愿意将专利产品出口到知识产权保护强度大的国外市场，这样可以减少被模仿的风险，从而进口企业的进口会增多，致使进口企业减少销量以增加垄断势力。但是，他也认为进口国加强知识产权保护时，出口国会面临市场势力效应及扩张效应之间的权衡。崔日明等（2019）以新兴经济体为样本，发现新兴经济体的知识产权保护及贸易伙伴国的知识产权保护均会抑制进出口贸易。陈修谦等（2021）的研究表明东盟国家的知识产权保护所产生的市场扩张效应较明显，有利于扩大我国出口规模。李霞和邵建春（2021）认为我国加强知识产权保护对制成品和现代服务贸易出口技术复杂度提升具有促进作用。张琳琛等（2022）研究了农业知识产权保护对植物类农产品进出口的影响，研究发现出口方加强知识产权保护能够促进植物类农产品出口，进口方加强知识产权保护则负向影响植物类农产品进口。欧忠辉等（2024）的研究发现进出口国知识产权保护对数字服务贸易产生积极促进作用，但是进口国与出口国间知识产权保护水平的差异则会抑制数字服务贸易。

进一步看知识产权保护对高新技术产品贸易的影响。杨和马斯库斯（Yang & Maskus，2001）研究发现技术密集型产业易被其他生产商模仿，因此受进口国知识产权保护的影响更大。辛等（Shin et al.，2016）认为进口国的知识产权保护会阻碍技术创新能力弱的发展中国家的出口。马博飞等（2016）研究发现进口国知识产权保护水平的提升显著促进了中国高新技术产品的出口。卡比尔和萨利姆（Kabir & Salim，2016）发现目的国加强知识产权保护对中国出口电子产品有积极影响。普拉德汉（Pradhan，2007）认为不同的高新技术产品其知识产权保护效应也不同。伊沃斯（Ivus，2010）发现如果发展中国家加强知识产权保护，会增加发达国家专利敏感性产业的出口数量，尤其对高技术产业的影响更为明显。伊沃斯（Ivus，2011，2015）同样支持了这一结论，认为南方加强知识产权保护，会获得北方更多的高技术产品及先进技术。郑哈哈和袁懿（2010）研究得出知识产权保护水平的提高会促进中国高新技术产品的出口。王和郭（Wang & Guo，2012）发现在南北贸易模式中，南方加强知识产权保护会减少对北方的出口，特别是对于中等研发能力的南方国家，但是随着南方国家研发能力的提高，这种消极影响也会随之消失。德尔加多等（Delgado et al.，2013）发现发展中国家加强知识产权保护对技术密集型产品的出口有促进作用。柴江艺和许和连、张源媛和兰宜生（2013）证实了中国的知识产权保护能促进高技术产品的进口，其影响以市场扩张效应为主。许陈生和高琳（2012）同样发现知识产权保护对中国高技术产品进口的影响以市场扩张效应为主，但是这种影响在统计上并不显著。沈国兵和姚白羽（2010）发现知识产权保护水平并不是影响高技术产品进口的主要因素。沈国兵和姚白羽（2010）、张源媛和兰宜生（2013）分别得出知识产权保护对中国高技术产品进口的影响呈地域性和国别性差异这一结论。宋伟良和王焱梅（2016）研究认为进口国加强知识产权保护不利于我国高技术产品出口。王晶和徐玉冰（2022）以"一带一路"共建国家为样本，研究发现"一带一路"共建国家增强知识产权保护水平对我国 ICT 产品出口具有显著促进作用。

以梅里兹（Melitz，2003）为代表的新新贸易理论，以企业异质性为研究对象，认为一国的出口增长主要沿着集约边际和扩展边际实现，称为二元边际。胡梅尔斯和克莱诺（2005）认为出口增长体现为扩展边际和集约边际，扩展边际即为贸易商品种类，集约边际为商品价值量，进而将集约边际分解成产品数量和产品价格，奠定了三元边际的理论基础。利用三元边际的研究方法研究中国进出口增长的文献较为丰富（施炳展，2010；曹亮等，2010；韩平平，2014；魏浩和郭也，2016），也有研究知识产权保护对中国总体贸易三元边际的影响（如亢梅玲等，2016；翁润，2016），但具体研究高技术产品的文献较少。刘娟和曹杰（2012）从三元边际的视角考察知识产权保护对中国高技术产品进口的影响路径。刘瑶和丁妍（2015）按三元边际方法分析中国 ICT 产品的出口，发现推动 ICT 产品出口增长的主要因素为数量和价格提升的综合作用。钟建军（2016）测度了中日两国高技术产品的三元边际，并分析了出口增长的推动因素。

从以上研究来看，探究知识产权保护对贸易影响的文献较为丰富，其中有研究对一国整体贸易的影响，也有研究对细分行业或产品的影响。由于各行业或产品的进出口贸易存在差异，因此有必要进一步区分行业或产品来研究。但关于知识产权保护对细分行业或产品的三元边际影响研究甚少，并且在以边际视角研究知识产权保护对中国进出口影响的文献中，大多是研究中国自身加强知识产权保护会对本国贸易产生哪些影响，缺乏伙伴国加强知识产权保护对中国贸易影响的分析。因此，本章从三元边际的视角探究中国高技术产品出口增长的实现路径，并实证研究进口国知识产权保护对其出口的影响，最后根据研究结果提出促进高技术产品出口的对策建议。

第三节　理论机制

本节将分别从模仿威胁、技术创新和市场战略三方面视角分析进口国的知识产权保护对中国高技术产品出口三元边际的影响机制。

一、模仿威胁视角下进口国知识产权保护对高技术产品出口三元边际的影响

模仿威胁是指在产品出口过程中，进口国通过技术溢出效应，对出口国的创新产品进行模仿。进口国的知识产权保护水平越高，出口国面临的模仿威胁越小。

首先分析对数量边际的影响。一方面，进口国加强知识产权保护可能会促进出口数量边际上升，这是由于进口企业的模仿难度增加、模仿成本提高，从而减少模仿产品的供给，因此，进口国对于高技术产品的需求将更多地通过进口得到满足。另一方面，进口国严格的知识产权保护也可能使数量边际下降，这是由于中国以模仿为主的高技术生产企业减少了出口数量，从而导致数量边际下降。总体而言，进口国的知识产权保护对中国高技术产品出口数量边际的影响取决于这两种相反力量的比较。

其次分析对扩展边际的影响。一方面，进口国知识产权保护的加强能够激发原有出口企业增加产品种类的出口，扩大竞争优势，同时促使新企业进入市场，从而增加新产品的种类，扩展边际上

升。另一方面，进口国知识产权保护的加强也使得以模仿国外先进技术为主的中国高技术企业模仿难度加大，难以生产多样化的产品，扩展边际下降。总体而言，进口国的知识产权保护对中国高技术产品出口扩展边际的影响取决于这两种力量的较量。

最后分析对价格边际的影响。如果进口国加强知识产权保护，一方面，中国避免国外模仿的费用降低，从而出口成本降低，价格边际下降。另一方面，以模仿为主的中国高技术企业的模仿成本上升，因此，价格边际上升。总体来看，进口国知识产权保护对中国高技术产品出口价格边际的影响同样取决于这两种力量的比较。

二、技术创新视角下进口国知识产权保护对高技术产品出口三元边际的影响

进口国加强知识产权保护不仅能激励创新型出口企业提升技术创新水平，不断研发新产品，还能够倒逼以模仿为主的出口企业进行技术创新，提高产品的科技含量。

首先分析对数量边际的影响。一方面，进口国加强知识产权保护使得出口的数量边际上升，因为创新产品的产权得到有效保护，可以通过大规模出口尽快收回成本。另一方面，进口国知识产权保护会使数量边际下降，这可能是由于进口国掌握了新产品的研发技术并大规模生产，导致国内消费者减少对进口品的需求。综合两种作用力量，进口国知识产权保护对数量边际的影响并不确定。

其次分析对扩展边际的影响。一方面，进口国加强知识产权保护能够促进出口扩展边际上升，这可能是由于中国企业加大研发投入以应对进口国更严格的产品要求，从而生产出多样化的创新型产

品。另一方面，出口的扩展边际可能下降，因为进口国强的知识产权保护加大了国内企业的研发动力，激励高技术企业生产自主知识产权的产品代替进口品。总体而言，进口国加强知识产权保护对中国高技术产品出口扩展边际的影响取决于这两方面的力量。

最后分析对价格边际的影响。中国企业进行技术创新，增加了高技术产品的研发成本，从而提高产品价格，出口的价格边际上升。当进口国通过技术创新生产出替代产品，进口国的消费者将会减少对中国高技术产品的需求，出口的价格边际下降。总体而言，进口国知识产权保护对中国高技术产品出口价格边际的影响也是不确定的。

三、市场战略视角下进口国知识产权保护对高技术产品出口三元边际的影响

所谓市场战略视角，是指出口国企业为达到垄断市场目的而调整产品数量、种类或价格，从而实现企业利润最大化。

首先分析对数量边际的影响。进口国加强知识产权保护能够增强中国创新型高技术产品的竞争优势，并形成国际市场的垄断力量。垄断意味着中国企业可以在某种程度上控制出口产品的数量，为了实现利润最大化，企业会减少出口数量。因此，中国高技术产品出口的数量边际下降。

其次分析对扩展边际的影响。为了维持垄断优势、获得垄断利润，中国企业必须减少同类产品的出口，导致企业研发新产品的动力减弱，新产品出口的速度减慢。因此，中国高技术产品出口的扩展边际会下降。

最后分析对价格边际的影响。垄断意味着中国可以控制出口产品的价格，为了赚取高额垄断利润，企业会减少出口数量，从而抬高出口价格。因此，中国高技术产品出口的价格边际上升。马斯库斯和佩努巴蒂（1995）首次在理论上提出用"市场扩张效应"和"市场势力效应"来解释知识产权保护对贸易的影响。"市场扩张效应"是指当进口国加强知识产权保护时，出口国的产品面临的模仿威胁会降低，因此出口国会扩大产品的出口。"市场势力效应"是指进口国加强知识产权保护，使得出口国的产品在进口国形成垄断，出口国为了获取超额垄断利润将会提高价格、缩减产量。由于"市场扩张效应"和"市场势力效应"对出口的影响是相反的，故总体影响是不确定的。知识产权保护对高技术产品出口的影响正是取决于这两种效应的较量。接下来我们将通过"市场扩张效应"和"市场势力效应"具体分析进口国知识产权保护对于高技术产品出口三元边际的影响机制。

第四节　研究设计

对中国高技术产品出口进行三元边际分解保证了研究的全面性，在此基础上，本节重点探究进口国知识产权保护对中国高技术产品出口的影响，使得研究结论和政策建议更具针对性和现实性。

一、模型设定及变量说明

选取中国高技术产品出口贸易作为主要考察对象，在杨和吴（Yang & Woo，2006）理论模型基础上结合影响高技术产品出口贸易的实际因素，构建知识产权保护与中国高技术产品出口贸易的理论模型。模型具体形式如下：

$$\ln Y_{ijt} = \alpha_0 + \alpha_1 \ln GDP_{jt} + \alpha_2 \ln POP_{jt} + \alpha_3 \ln DIST_{ij}$$
$$+ \alpha_4 \ln FREE + \alpha_5 \ln IPR_{jt} + \alpha_6 FTA + u_{ijt} \qquad (2.1)$$

模型中，下标 i 和 j 分别代表中国和进口国，t 代表年份。Y_{ijt} 包括 R_{ijt}、EM_{ijt}、Q_{ijt} 和 P_{ijt}，分别代表中国对伙伴国出口的贸易份额、扩展边际、数量边际和价格边际。GDP_{jt}、POP_{jt}、$DIST_{ij}$、$FREE$、IPR_{jt} 分别代表经济规模、人口规模、地理距离、固定贸易成本、知识产权保护强度。虚拟变量 FTA 代表是否签订自由贸易协议。α 为常数项，u_{ijt} 代表随机误差项。

二、变量说明

（一）中国出口的三元边际

因变量出口市场份额（R）、出口扩展边际（EM）、出口价格边际（P）、出口数量边际（Q）是根据第一章中胡梅尔斯和克莱诺（2005）的三元边际分解方法计算的 2003～2019 年中国对 31 个主要贸易伙伴国（地区）出口高技术产品的边际值。数据来自 UN Comtrade 数据库。变量以对数形式进入方程。

（二）知识产权保护强度

拉普和罗泽克（Rapp & Rozek，1990）最早采用量化方法分析知识产权保护水平，随后，吉纳特和朴（Ginarte & Park，1997）在其基础上对知识产权保护水平进行深入度量，但是考虑到一些发展中国家的司法体系尚不完善，GP 指数并不能很好地度量这些国家知识产权保护的真实情况，并且 GP 指数每 5 年发布一次，缺乏连续性。因此，本章借鉴翁等（2009）在实证中所使用的由 WEF（World Economic Forum）开发的知识产权保护指数，该数据包含了每年连续的问卷调查数据，是被访者对于特定国家知识产权保护情况的实际感受，可以衡量知识产权保护的实际保护水平。知识产权保护强度对一国出口贸易的经济效应将取决于市场势力效应与市场扩张效应两者权衡后的结果，因此，知识产权保护强度提升对一国出口贸易的作用结果理论上存在不确定性。变量以对数形式进入模型，数据来源于全球竞争力报告。鉴于数据可得性，知识产权保护强度的数据仅到 2019 年，因此实证部分的研究期间为 2003 ~ 2019 年。

（三）控制变量

（1）经济规模。模型中 GDP_{jt} 表示进口国的经济规模。通常来说，进口国的经济规模越大对高技术产品的进口需求也会越多，其在四个方程中的预期符号均为正。变量以对数形式进入模型，选择按购买力平价衡量的 GDP，数据来源于世界银行的 World Development Indicators（WDI）数据库。

（2）人口规模。POP_{jt} 表示进口国的人口规模。通常，进口国的人口规模越大，对高技术产品的消费需求会越多，潜在的进口越大，因此预期其对扩展边际和数量边际有正向影响，对价格边际影响为负。变量以对数形式进入模型，数据来源于世界银行的 WDI 数据库。

（3）可变贸易成本。通常采用地理距离来代替可变贸易成本（Amurgo – pacheco and Pierola，2008；Helpman et al.，2008）。$DIST_{ij}$ 表示距离变量，用中国首都到 31 个贸易伙伴国首都之间的地理距离表示，单位为公里数（余长林，2011）。贸易国之间的地理距离越远，运输成本就越高，从而会减少企业出口，因此预计出口总额、扩展边际和数量边际的系数符号为负，价格边际系数符号为正。变量以对数形式进入模型，数据来源于 CEPII 的 GeoDist 数据库。

（4）固定贸易成本。$FREE$ 表示贸易自由化，作为固定贸易成本的代理变量。Index of Economic Freedom 提供了 1995 年以来 160 多个国家和地区涵盖商务自由、贸易自由、财政自由、政府规模、货币自由、投资自由、金融自由、知识产权和腐败 9 个方面的总体得分，利用各国得分值与中国得分值的比值衡量固定成本（钱学锋，2010），以 $\ln(1 + FREE)$ 的形式进入模型。

（5）虚拟变量 FTA 表示双方是否签订自由贸易协议，若中国与伙伴国签订了自由贸易协议，则 $FTA = 1$，未签订则取 0。（见表 2 – 1）

表 2 – 1　　　　　　　各变量的描述性统计

变量	观察值	均值	标准差	最大值	最小值
$\ln R$	527	− 1.973	0.655	− 0.548	− 3.938
$\ln EM$	527	− 0.060	0.072	− 0.001	− 0.647
$\ln Q$	527	− 1.741	0.637	− 0.285	− 3.897
$\ln P$	527	− 0.171	0.315	1.942	− 0.854
$\ln IPR_{jt}$	527	1.491	0.266	1.887	0.336

续表

变量	观察值	均值	标准差	最大值	最小值
$\ln GDP_{jt}$	527	27.188	1.246	30.634	24.509
$\ln POP_{jt}$	527	17.356	1.300	19.610	13.021
$\ln DIST_{ij}$	527	8.866	0.652	9.866	6.862
$\ln FREE$	527	0.824	0.080	1.015	0.608
FTA	527	0.152	0.359	1	0

第五节　实证分析

一、基准回归分析

为确定方程（2.1）的估计方法，需要选择恰当的模型，即混合数据模型和面板数据模型。混合数据模型采用最小二乘法（OLS）进行估计，面板数据模型包括固定效应模型（FE）和随机效应模型（RE）。F检验结果均认为采用面板数据更合适。根据Hausman检验结果，若模型拒绝原假设，则适用于固定效应模型。经检验，市场份额、扩展边际、数量边际和价格边际的数据均适合固定效应模型，作为对比，本章还采用了OLS进行估计。在考察知识产权保护对中国出口贸易的影响时需要考虑内生性问题。进口国的知识产权保护可能会通过影响创新能力而有利于中国前沿技术产品的出口，高技术产品的进口贸易也可能提高进口国的知识产权保护水平，这意味着知识产权保护和出口贸易之间可能存在内生性问题。内生性问题会导致估计结果的有偏和不一致。当使用名义保护指标衡量知识产权保护强度时，可以处理为内生，但涉及知识产权实际保护指标时便存在内生性问题。本章使用 WEF 开发的知识产权保护指数源于被调查者的实际感受，属于知识产权实际保护指标。因此，本章参照郭小东和吴宗书（2014）的方法，以知识产权保护变量滞后一期作为知识产权保护的工具变量，运用工具变量法进行回归分析，估计结果为表 2 - 2 和表 2 - 3 的（3）（4）（7）（8）列。从估计结果来看，考虑知识产权保护内生性问题的工具变量估计结果与前面的估计结果大体一致。回归分析结果如下：

表 2 - 2 前四列是市场份额的回归结果。各变量在 OLS、FE、IV 及 IV - FE 估计下的符号及显著性大体一致。进口国的经济规模对中国高技术产品出口市场份额具有显著正向影响，说明进口国经济规模越大，对我国高技术产品的需求越高。进口国的人口规模对中国高技术产品的出口市场份额有显著的积极作用，这说明进口国的人口规模越大，国内市场需求越大，会增加向国外的进口。距离对中国高技术产品的出口市场份额影响显著为负，距离越远，中国出口越少，这与贸易引力模型的预期一致。知识产权保护在四个模型中的符号一致，均为负，在解决模型内生性问题后，通过了 5% 的显著性检验，表明进口国知识产权保护的加强会使得中国出口份额减少，这与中国缺乏自主知识产权的高技术产品的现实相符。进口国知识产权保护的加强限制了中国的模仿行为，对中国出口产品的产权状况提出更高的要求，这会导致生产成本增加，不利于出口。贸易自由化对中国出口市场份额有着正向影响，说明固定成本对中国出口市场份额产生负向影响，因为贸易自由程度越高，出口的固定成本越低，会增加中国的出口。虚拟变量 FTA 也对中国高技

术产品出口有积极影响，两国签订自由贸易协议会降低双方的市场进入成本，因此会促进出口。

表 2 - 2　　　　　　　　　　面板分析结果

变量	lnR				lnEM			
	OLS （1）	FE （2）	IV （3）	IV - FE （4）	OLS （5）	FE （6）	IV （7）	IV - FE （8）
$\ln IPR_j$	-0.052 （0.141）	-0.058 （0.110）	-0.123 * （0.070）	-1.612 ** （0.745）	0.095 *** （0.015）	0.080 *** （0.016）	0.092 *** （0.017）	0.092 *** （0.021）
$\ln GDP_j$	-0.180 *** （0.0438）	1.497 *** （0.140）	-0.184 *** （0.070）	1.190 *** （0.151）	-0.019 *** （0.005）	0.008 （0.020）	-0.020 *** （0.005）	-0.035 * （0.021）
$\ln POP_j$	0.262 *** （0.044）	2.070 *** （0.374）	0.261 *** （0.044）	2.343 *** （0.392）	0.045 *** （0.005）	0.247 *** （0.053）	0.045 *** （0.005）	0.304 *** （0.055）
$\ln DIST$	-0.137 *** （0.040）		-0.139 *** （0.040）		-0.010 ** （0.004）		-0.008 * （0.004）	
$\ln FREE$	1.452 *** （0.471）	1.510 *** （0.407）	1.618 *** （0.467）	1.639 *** （0.407）	0.125 ** （0.051）	-0.039 （0.058）	0.134 ** （0.051）	0.010 （0.057）
FTA	0.568 *** （0.081）	0.688 *** （0.100）	0.502 *** （0.079）	-0.039 （0.076）	0.014 （0.009）	-0.029 *** （0.010）	0.012 （0.009）	-0.021 ** （0.011）
Cons	-17.842 *** （2.299）	-79.749 *** （4.458）	-1.370 * （0.731）	-76.252 *** （4.658）	-0.489 *** （0.081）	-4.651 *** （0.634）	-0.482 *** （0.079）	-4.507 *** （0.657）
N	527	527	496	496	527	527	496	496
R^2	0.2676	0.5909	0.2835	0.5307	0.2936	0.2426	0.2589	0.1866

注：表中括号内为标准误，*** 、** 、* 分别表示在1%、5%、10%水平下显著。

表 2 - 2 后四列是扩展边际的回归结果。进口国的经济规模对中国高技术产品出口扩展边际产生负向影响，可能是因为进口国经济规模的扩大，增加了国内厂商对于多样化产品的研发和生产，因

此对我国产品种类多样化的需求下降。进口国的人口规模对扩展边际有显著的正向影响，进口国人口规模的增加，不仅增加了国内需求，也增加了需求的种类，因此促进了中国对其的出口。地理距离对高技术产品出口扩展边际产生负向影响，表明其对中国出口高技术产品的种类具有抑制作用。进口国的知识产权保护水平对扩展边际的影响在四个模型中均为正，且在使用工具变量法后显著为正，进口国知识产权保护水平每增加1%，中国高技术产品出口种类将增加0.092%。这是因为进口国知识产权保护的加强倒逼中国高技术行业自主创新，并且有利于保护中国拥有技术优势的高技术产品免受国外侵权，从而促进了出口种类的增加。

表2-3前四列是数量边际的回归结果。进口国的经济规模在OLS和IV下不显著，但在FE及IV-FE下均显著为正，表明模型的估计方法不适当会导致不同的回归结果。进口国的人口规模符号为正，且在OLS、FE、IV、IV-FE下均通过显著性检验，表明进口国的人口规模越大，居民的消费需求会越多，从而增加对高技术产品的进口数量。距离对出口数量的影响在1%的显著性水平上为负，说明随着中国与出口目的地之间距离的增大，高技术产品的出口数量会减少。知识产权保护强度在四个模型中均表现出显著的负向影响，表明进口国加强知识产权保护会减少中国高技术产品的出口数量，这一点体现为市场势力效应，在进口国加强知识产权保护时，中国采取提高价格、减少出口量的方法垄断国外市场。贸易自由度系数均为正，说明固定成本对中国高技术产品的出口数量有负向影响。虚拟变量FTA系数为正，且十分显著，表明中国会增加对已签订自由贸易协定国家的出口数量。

表 2 - 3 　　　　　　　　　　面板分析结果

变量	lnQ				lnP			
	OLS （1）	FE （2）	IV （3）	IV - FE （4）	OLS （5）	FE （6）	IV （7）	IV - RE （8）
$lnIPR_j$	- 0. 693 *** (0. 137)	- 0. 469 *** (0. 136)	- 0. 834 *** (0. 153)	- 0. 437 ** (0. 191)	0. 545 *** (0. 072)	0. 331 *** (0. 101)	0. 566 *** (0. 083)	0. 501 *** (0. 114)
$lnGDP_j$	0. 022 (0. 043)	1. 264 *** (0. 174)	0. 019 (0. 043)	0. 973 *** (0. 191)	- 0. 184 *** (0. 022)	0. 225 * (0. 129)	- 0. 183 *** (0. 023)	- 0. 200 ** (0. 046)
$lnPOP_j$	0. 114 *** (0. 042)	1. 642 *** (0. 465)	0. 110 *** (0. 043)	1. 611 *** (0. 493)	0. 104 *** (0. 022)	0. 182 (0. 345)	0. 106 *** (0. 023)	0. 050 (0. 046)
$lnDIST$	- 0. 135 *** (0. 039)		- 0. 148 *** (0. 039)		0. 008 (0. 021)		0. 017 (0. 021)	0. 029 (0. 050)
$lnFREE$	1. 591 *** (0. 457)	2. 008 *** (0. 506)	1. 803 *** (0. 453)	1. 862 *** (0. 511)	- 0. 264 (0. 239)	- 0. 459 (0. 375)	- 0. 319 (0. 245)	- 0. 541 * (0. 316)
FTA	0. 580 *** (0. 079)	- 0. 035 (0. 087)	0. 507 *** (0. 077)	0. 007 (0. 095)	- 0. 026 (0. 041)	- 0. 059 (0. 065)	- 0. 016 (0. 041)	0. 077 (0. 057)
Cons	- 3. 492 *** (0. 723)	- 65. 551 *** (5. 540)	- 3. 134 *** (0. 709)	- 57. 004 *** (5. 861)	2. 368 *** (0. 379)	- 9. 546 ** (4. 108)	2. 246 *** (0. 384)	1. 117 (0. 857)
N	527	527	496	496	527	527	496	496
R^2	0. 2716	0. 3708	0. 2942	0. 2789	0. 1819	0. 0816	0. 1785	0. 1526

注：表中括号内为标准误，*** 、** 、* 分别表示在1% 、5% 、10%水平下显著。

　　表 2 - 3 后四列是价格边际的回归结果。知识产权保护的系数符号在四种模型中均为正，且 OLS、FE、IV 和 IV - FE 下均通过了 1% 的显著性检验，说明进口国加强知识产权保护会使得中国出口高技术产品的价格提高，这可能是因为中国模仿成本增大以致于生产成本增加导致出口价格提高，或是因为研发投入增加，产品科技含量和质量提高，引起出口价格提高。距离对中国出口高技术产品

的价格有着正向影响但不显著，这是因为高技术产品大多重量很小，价格与重量的比重很大，运输的成本占商品总价格的比重很低。考虑内生性后，固定成本和 FTA 均不显著，表明固定成本和FTA 对高技术产品的出口价格并没有影响。

二、稳健性检验

（一）动态面板回归

由于惯性，当期出口可能受之前出口行为的影响，在解释变量中加入被解释变量的滞后项进行动态面板分析，用于考察出口的动态行为。由表 2-4 的模型 1～模型 4 可看出，国际知识产权保护加强对中国高技术产品出口数量边际仍具有显著抑制作用，对出口扩展边际和价格边际同样具有显著促进作用，对出口市场份额的影响虽不显著，但方向一致。

表 2-4　　　　国际知识产权保护对高技术产品出口
三元边际的影响（动态面板）

因变量	lnR	lnEM	lnQ	lnP
	模型 1	模型 2	模型 3	模型 4
lnY	0.645 *** (0.032)	0.373 *** (0.040)	0.457 *** (0.039)	0.263 *** (0.044)
$lnIPR_j$	-0.063 (0.092)	0.034 ** (0.017)	-0.256 * (0.143)	0.240 ** (0.117)
$lnGDP_j$	0.221 * (0.119)	-0.034 * (0.019)	0.352 ** (0.176)	0.212 (0.136)

续表

因变量	$\ln R$	$\ln EM$	$\ln Q$	$\ln P$
	模型1	模型2	模型3	模型4
$\ln POP_j$	0.846 *** (0.291)	0.224 *** (0.051)	0.793 * (0.438)	0.340 (0.351)
$\ln FREE$	0.745 ** (0.296)	− 0.028 (0.052)	0.695 (0.459)	0.107 (0.369)
FTA	0.009 (0.055)	− 0.018 * (0.010)	0.038 (0.084)	− 0.025 (0.068)
Cons	− 21.861 *** (4.262)	− 3.013 *** (0.620)	− 24.441 *** (5.828)	− 12.244 *** (4.116)
N	496	496	496	496
R^2	0.755	0.322	0.442	0.164

注：表中括号内为标准误，***、**、*分别表示在1%、5%、10%水平下显著，固定效应下不随时间变化的距离变量无法显示。

（二）去除极端值

对主要解释变量和被解释变量处于1%和99%分位上的数据进行 winsorize 处理，降低变量极端值对模型回归结果的影响。通过表2−5中模型1~模型4可知，删除变量极端值后，国际知识产权保护加强对中国高技术产品出口市场份额具有负向影响，抑制了高技术产品出口数量边际的增长，促进了出口扩展边际和价格边际的提升。

表 2 - 5 　　　　国际知识产权保护对高技术产品出口

三元边际的影响（去除极端值）

因变量	$\ln R$	$\ln EM$	$\ln Q$	$\ln P$
	模型 1	模型 2	模型 3	模型 4
$\ln IPR_j$	− 0. 108 （0. 123）	0. 051 *** （0. 015）	− 0. 556 *** （0. 149）	0. 361 *** （0. 105）
$\ln GDP_j$	1. 496 *** （0. 140）	0. 024 （0. 017）	1. 286 *** （0. 169）	0. 204 * （0. 120）
$\ln POP_j$	2. 070 *** （0. 371）	0. 206 *** （0. 045）	1. 539 *** （0. 448）	0. 230 （0. 317）
$\ln FREE$	1. 458 *** （0. 409）	− 0. 038 （0. 050）	1. 875 *** （0. 493）	0. 442 （0. 349）
FTA	− 0. 125 * （0. 071）	− 0. 025 *** （0. 009）	− 0. 045 （0. 085）	− 0. 047 （0. 060）
Cons	− 79. 609 *** （4. 412）	− 4. 331 *** （0. 540）	− 64. 123 *** （5. 326）	− 9. 863 *** （3. 769）
N	527	527	527	527
R^2	0. 588	0. 231	0. 379	0. 091

注：表中括号内为标准误，*** 、** 、* 分别表示在 1% 、5% 、10% 水平下显著，固定效应下不随时间变化的距离变量无法显示。

三、异质性分析

（一）高收入和中等收入国家（地区）

为识别出国际知识产权保护对中国向不同类型伙伴国（地区）

出口高技术产品的具体影响，本节按照世界银行的分类，将伙伴国划分为高收入国家（地区）和中等收入国家（地区）①，回归结果见表2-6。表2-6中模型1~模型4是国际知识产权保护对中国出口高技术产品到高收入国家（地区）的回归结果。国际知识产权保护对中国高技术产品出口市场份额的影响不明显，但会显著促进高技术产品出口扩展边际和价格边际的提升，对出口数量边际则具有显著抑制作用。模型5~模型8是目的地为中等收入国家（地区）的结果，国际知识产权保护对出口到这类国家的产品数量具有显著抑制作用，对出口价格具有显著正向影响，但对总体出口市场份额的影响并不明显。比较两组不同类型的目的国（地区）可发现，相比中等收入国家，中国对高收入国家（地区）的出口扩展边际受国际知识产权保护的影响更显著，也更强烈。国际知识产权保护加强对中国出口到中等收入国家的高技术产品数量边际的抑制作用更大，对出口到中等收入国家的高技术产品价格的提升作用也更大。究其原因，可能是因为中等收入国家加强知识产权保护，能够保护我国出口的产品难以被模仿，有助于我国产品在进口国形成垄断，中国企业可以在进口国市场控制出口产品的价格，为了赚取高额垄断利润，企业会减少出口数量，从而抬高出口价格。因此，中国高技术产品出口的价格边际上升、数量边际下降。

---

　　① 将阿根廷、澳大利亚、比利时、加拿大、智利、捷克共和国、德国、西班牙、法国、英国、中国香港、匈牙利、意大利、日本、韩国、卢森堡、荷兰、波兰、沙特阿拉伯、斯洛伐克共和国、美国、新加坡确定为高收入国家（地区），其余9个国家，巴西、哥伦比亚、墨西哥、马来西亚、巴基斯坦、俄罗斯、泰国、土耳其、南非确定为中等收入国家。

表 2 – 6 国际知识产权保护对高技术产品出口的影响

（按收入水平分组）

因变量	lnR 模型 1	lnEM 模型 2	lnQ 模型 3	lnP 模型 4	lnR 模型 5	lnEM 模型 6	lnQ 模型 7	lnP 模型 8
	X = 高收入国家（地区）				X = 中等收入国家（地区）			
$lnIPR_j$	−0.101 (0.142)	0.105 *** (0.021)	−0.466 *** (0.152)	0.261 ** (0.106)	−0.092 (0.164)	0.014 (0.018)	−0.587 ** (0.277)	0.482 ** (0.229)
$lnGDP_j$	1.628 *** (0.173)	0.021 (0.026)	1.413 *** (0.186)	0.193 (0.130)	1.412 *** (0.259)	0.070 ** (0.028)	1.058 ** (0.437)	0.284 (0.362)
$lnPOP_j$	2.051 *** (0.437)	0.283 *** (0.065)	1.407 *** (0.468)	0.361 (0.327)	2.305 *** (0.742)	−0.020 (0.080)	2.641 ** (1.254)	−0.316 (1.040)
$lnFREE$	2.487 *** (0.530)	−0.010 (0.079)	3.384 *** (0.567)	−0.887 ** (0.397)	−0.206 (0.615)	−0.061 (0.066)	−0.550 (1.038)	0.405 (0.861)
FTA	−0.247 *** (0.089)	−0.041 *** (0.013)	−0.166 * (0.095)	−0.040 (0.066)	0.121 (0.113)	0.007 (0.012)	0.236 (0.191)	−0.121 (0.158)
Cons	−83.222 *** (5.651)	−5.607 *** (0.844)	−66.358 *** (6.048)	−11.253 *** (4.231)	−81.650 *** (8.173)	−1.558 * (0.884)	−77.186 *** (13.808)	−2.906 (11.445)
N	374	374	374	374	153	153	153	153
R^2	0.522	0.287	0.370	0.117	0.756	0.223	0.439	0.064

注：括号内为标准误，*** 、** 和 * 分别表示在 1%、5% 和 10% 水平上显著，固定效应下不随时间变化的距离变量无法显示。

（二）金融危机

为检验金融危机对于本章研究结论的影响，以 2008 年国际金融危机为界，将样本划分为国际金融危机前（2003～2007 年）和国际金融危机后（2008～2019 年）两组样本，回归结果见表 2 – 7。比较模型 1 和模型 5 可知，国际金融危机前，国际知识产权保护加强对中国高技术产品出口份额的影响显著为负，国际金融危机之后，这一影响不明显。比较出口分解后的结果可知，金融危机后，国际知识产权保护对中国高技术产品出口扩展边际促进作用以及对出口数量边际的抑制作用变得不显著，但其对价格边际的显著正向提升作用是在金融危机之后表现出来，这说明金融危机的爆发加剧了国际知识产权保护对中国高技术产品出口价格的影响。模型 2 的结果显示，在金融危机前，国际知识产权保护对中国高技术产品出口扩展边际的影响显著为正，表明了金融危机前进口国加强知识产权保护与出口扩展边际存在正向变动关系。这可能是因为，中国入世到金融危机前，进口国加强知识产权保护有利于我国加大研发投入力度自主研发新产品。此外，由于中国加入 WTO 有利的国际环境，这些都在很大程度上促进了企业出口投资，通过技术创新和出口投资扩大出口产品的种类。模型 4 的结果显示，国际金融危机前，国际知识产权保护的加强不利于中国高技术产品的出口数量增长。这可能是由于中国以模仿为主的高技术生产企业减少了出口数量，从而导致数量边际下降。模型 7 的结果显示，在金融危机后，国际知识产权保护对出口价格边际的影响显著为正，可能是因为中国企业进行技术创新，增加了高技术产品的研发成本，从而提高产品价格，出口的价格边际提高。

表 2-7　　　　国际知识产权保护对高技术产品出口的影响

（按 2008 年金融危机分组）

因变量	$\ln R$	$\ln EM$	$\ln Q$	$\ln P$	$\ln R$	$\ln EM$	$\ln Q$	$\ln P$
	模型 1	模型 2	模型 3	模型 4	模型 5	模型 6	模型 7	模型 8
	金融危机之前				金融危机之后			
$\ln IPR_j$	-0.376** (0.158)	0.151*** (0.029)	-0.819*** (0.245)	0.291 (0.216)	0.102 (0.157)	-0.015 (0.025)	-0.291 (0.221)	0.408** (0.164)

续表

因变量	lnR 模型1	lnEM 模型2	lnQ 模型3	lnP 模型4	lnR 模型5	lnEM 模型6	lnQ 模型7	lnP 模型8
	金融危机之前				金融危机之后			
$lnGDP_j$	2.815 *** (0.294)	0.635 ** (0.290)	2.197 ** (0.456)	0.402 (0.403)	0.185 (0.202)	−0.053 (0.032)	0.010 (0.284)	0.228 (0.211)
$lnPOP_j$	1.744 (1.310)	−0.612 ** (0.043)	5.078 ** (2.032)	−2.723 (1.795)	3.651 *** (0.524)	0.494 *** (0.084)	2.099 *** (0.736)	1.058 * (0.546)
$lnFREE$	0.967 (0.882)	−0.733 *** (0.165)	1.157 (1.369)	0.543 (1.209)	1.433 *** (0.436)	0.015 (0.070)	1.071 * (0.613)	0.347 (0.454)
FTA	−0.119 (0.086)	−0.035 ** (0.016)	−0.136 (0.134)	0.053 (0.118)	−0.032 (0.094)	−0.022 (0.015)	−0.139 (0.132)	0.130 (0.098)
Cons	−108.939 *** (18.652)	5.044 (3.483)	−149.113 *** (28.927)	35.146 (25.548)	−71.625 *** (6.610)	−7.194 *** (1.058)	−38.759 *** (9.292)	−25.672 *** (6.894)
N	155	155	155	155	372	372	372	372
R^2	0.650	0.362	0.414	0.028	0.312	0.146	0.047	0.128

注：括号内为标准误，*** 、** 和 * 分别表示在1%、5%和10%水平上显著，固定效应下不随时间变化的距离变量无法显示。

第六节　结论及政策建议

一、结论

本章基于2003～2019年中国与31个主要贸易伙伴国（地区）之间高技术产品出口贸易的数据以及伙伴国的知识产权状况，全面地分析了中国在这一期间高技术产品出口增长的源泉以及知识产权保护水平对高技术产品出口贸易的影响。主要结论如下：

第一，从影响因素看，进口国的经济规模、人口规模、知识产权保护强度、固定贸易成本及是否签订自由贸易协定等是影响中国出口高技术产品的重要因素。进口国的经济规模对中国出口市场份额、数量边际和价格边际具有正向影响，对出口扩展边际具有负向影响；进口国的人口规模对中国出口产品的市场份额、扩展边际、和数量边际均产生积极影响；固定成本对中国出口的市场份额和数量边际有正向影响；签订自由贸易协定对中国出口的市场份额和数量边际有正向影响，对扩展边际有负向影响。

第二，从核心变量的具体影响来看，进口国加强知识产权保护对中国出口高技术产品的种类有显著促进作用，知识产权保护强度越大，出口的种类越多；知识产权保护强度对出口价格也有积极影响，进口国加强知识产权保护可能会因模仿成本提高或研发投入加大而提高出口价格；知识产权保护强度对出口数量有负向影响，进口国加强知识产权保护可能会通过市场势力效应减少中国高技术产品的出口数量。从长远来看，进口国的高水平知识产权保护将有利于中国降低对"成本优势"的依赖，激励中国高技术企业的产品研发和技术创新，突破技术上的瓶颈，提高出口产品的技术含量，全面提升中国"智造"水平和国际竞争力。

第三，异质性检验表明，进口国加强知识产权保护对我国高技术产品出口扩展边际的促进作用主要体现在高收入国家（地区），对中等收入国家（地区）出口价格边际的提升作用和出口数量的抑制作用更强烈。进口国加强知识产权保护对我国高技术产品出口市场份额和数量边际的抑制作用及对出口扩展边际的促进作用主要体现在国际金融危机之前，国际金融危机之后，国际知识产权保护对我国出口价格边际的提升具有显著促进作用。

二、政策建议

在进口国加强知识产权保护的环境下，中国企业只有全面了解所出口高技术产品的知识产权状况，增强自主创新能力，生产具有自主知识产权的高质量产品，才能促进高技术产品的出口，从而实现由中国制造向中国创造的飞跃。

第一，高技术企业应逐步建立并完善知识产权保护制度，提高知识产权保护的管理水平，加强对企业的保护措施。建议企业设立专职知识产权的部门，或是聘用知识产权专业人员，建立知识产权档案，加强对高技术企业知识产权的管理。从高技术产品的研发到销售的全部环节都要充分利用知识产权的信息功能，促进高技术行业的技术创新与产业发展。通过专利检索平台或积极参加国际的学术交流和合作，及时、准确地了解高技术行业最新的专利发展情况，加强对国际知识产权状况的了解。

第二，增强自主创新能力。《中共中央关于进一步全面深化改革、推进中国式现代化的决定》在深化科技体制改革条目下提出，"强化企业科技创新主体地位，建立培育壮大科技领军企业机制"。企业是社会经济活动的基本单元，直接面向市场，对技术创新、产品创新、产业创新具有天然的敏感性和紧迫感，具有连接科技与产业的天然优势，是推动科技创新的重要力量。一方面，政府应加大对高技术企业的扶持力度，增加对企业研发资金的支持，为企业创新提供财力保障，如通过优惠信贷利率、税收优惠等政策措施加大资金扶持力度。企业应加强自主研发能力，提高产品科技含量，促进出口产品的多样化。另一方面，高素质的人才是技术创新的基础。政府应重视对科研人才的培养，注重提高人才培养的数量和质量，借鉴国外引进、培养及管理人才的模式，通过激励政策鼓励优秀人才为中国高技术行业贡献力量。企业内部也应不断完善人才结构和制度，建立一套完整、有效的人才激励机制，培养一支专业的人才管理团队。

第三，提高贸易自由化程度，降低固定贸易成本。中国应积极推动贸易自由化进程，加快自贸区的谈判，优化海关通关程序，降低出口成本，为企业走出去提供新机遇和政策支持。通过自贸区建设，为中国高技术企业走出去创造更加公平的知识产权保护环境，推动完善知识产权保护制度，提升中国企业在知识产权保护领域的适应和应对能力。借助"一带一路"倡议，与共建国家签订自由贸易协定，简化国际贸易程序、降低交易成本，为中国高技术企业提供更多机会参与高层次的竞争格局，为中国高技术产品出口创造优越的环境。

第三章 中国对外直接投资
与高技术产品出口

　　对外直接投资对促进高技术产品出口、实现外贸高质量发展具有重要的影响。本章基于 2003 ～ 2021 年中国对 31 个国家（地区）直接投资及高技术产品出口贸易的数据，分别从扩展边际、数量边际和价格边际（三元边际）的视角，对中国对外直接投资对高技术产品出口的种类、数量及价格的影响进行实证研究。研究发现：总体而言，中国对外直接投资的增加对高技术产品出口增长具有显著的促进作用。进一步研究发现，中国对外直接投资对高技术产品的出口种类增加有正向影响，对出口数量的增加以及出口价格的提高同样具有正向影响。异质性研究发现，中国对外直接投资对高技术产品出口市场份额、扩展边际和数量边际的促进作用主要体现在对高收入国家（地区）的出口，对价格边际的促进作用主要体现在对中等收入国家（地区）的出口。国际金融危机前，中国对外直接投资有利于出口扩展边际和价格边际的增长，对出口数量边际具有抑制作用；国际金融危机之后，中国对外直接投资对高技术产品出口市场份额、扩展边际和价格边际均具有显著促进作用，对出口数量边际的影响也转为正向。在此基础上，本章从扩大对外直接投资、积极推进自由贸易协定谈判、转变对外直接投资战略、增强自主创新能力等方面提出促进高技术产品出口的政策建议。

第一节　引　　言

2003 年中国对外直接投资（Outward Foreign Direct Investment，OFDI）流量仅为 28.5 亿美元，出口为 4 382.28 亿美元。由于中国一直坚持实行"走出去"的国家战略，积极推进国际产能合作与"一带一路"共建国家的经济建设，加快融入经济全球化的进程，中国的对外直接投资于 2015 年实现历史性突破，对外直接投资流量达到 1 456.7 亿美元，同比增长 18.3%，流量规模仅次于美国，位列全球第二位，并首次超过同期吸引外资水平，实现资本净输出。2022 年中国对外直接投资流量已增长到 1 631.2 亿美元。与此同时，中国的出口也在迅速增长，中国高技术产品出口从 2003 年的 1 103 亿美元增加到 2022 年的 9 467 亿美元，年均复合增长率为 11.98%。2022 年高技术产品出口额占商品总出口额的比重达到 26.71%，占工业制成品的比重达到 27.91%，已经发展成为促进中国出口的关键力量。但是，不得不承认，相比发达国家，中国高技术产品出口中的技术含量还不算高，加工贸易额在高技术产品总出口额中的比重虽然较 2010 年之前有很大改善，总体呈下降趋势，但仍保持在 55% 以上，缺乏具有创新性的技术产品。在如今贸易保护主义盛行的世界市场，以加工贸易为主的高技术行业更容易遭受侵权风险。技术创新成为摆在高技术行业面前的一项重要课题，攻破技术创新瓶颈，才能实现高技术产品出口由量到质的转变。2015

年，中国推出"中国制造 2025"，强调掌握核心技术的重要性，力图改善中国制造业在全球价值链体系中的地位。2016 年，中国又决定实施"创新驱动发展战略"，将高技术行业的技术创新提升到战略高度，力图增加这一产业的核心竞争力。党的二十届三中全会《中共中央关于进一步全面深化改革、推进中国式现代化的决定》中强调了科技创新在推动经济高质量发展中的重要作用，强调在当前国际国内复杂形势下，科技创新成为改革的核心驱动力之一。可见，高技术行业的发展关系到整个国家的长远发展，是一国科技竞争的重要阵地。那么 OFDI 究竟对高技术产品出口产生了怎样的影响，研究这一问题将有助于从有效利用对外直接投资的角度提出促进高技术产品出口的政策建议。

OFDI 通过"逆向技术溢出效应"，对促进投资母国技术进步具有积极作用。高技术产品出口则是一国技术进步的重要标志，对于带动中国外贸出口由量的扩张到质的提升具有重要影响。党的十九大报告指出，"我国经济已由高速增长阶段转向高质量发展阶段，正处在转变发展方式、优化经济结构、转换增长动力的攻关期"。近年来，虽然我国 OFDI 和高技术产品出口都取得了长足进步，但 OFDI 的质量和效率有待提高，高技术产品生产仍处于全球价值链低端。在此背景下，进一步提高对外投资质量，充分发挥 OFDI 对我国技术进步的积极作用，进而带动高技术产品出口，对于促进我国"走出去"战略新体制的建成，构建可持续外贸发展的新机制，加快培育我国国际经济合作和外贸竞争的新优势，推动形成全面开放的新格局具有十分重要的战略意义。基于此，本章旨在研究 OF-DI 对高技术产品出口增长的影响机理，通过实证研究进一步揭示我国 OFDI 对高技术产品出口数量、价格及种类的影响，从而为统筹制定对外投资政策、创新对外投资方式和推进外贸以质取胜战略的实施提供科学的依据。

与已有文献相比，本章的贡献在于：一是进一步丰富了 OFDI 与贸易二者关系的理论，基于贸易增长的三元边际分析框架，从 OFDI 动机入手，探讨中国 OFDI 对高技术产品出口的影响机制；二是从数量边际、价格边际和扩展边际三方面对中国 OFDI 对高技术产品出口的具体影响进行了实证研究，研究发现，中国 OFDI 的快速发展从总体上促进了高技术产品出口的增长，尤其对出口价格的提高具有显著的正向影响，但对高技术产品出口种类的增加有负向影响，对出口数量的增加影响不显著，这对今后制定更为科学、操作性更强的外资政策具有借鉴意义。

第二节　文　献　综　述

OFDI 和出口是中国对外开放和融入经济全球化的两条重要途径，二者之间究竟存在怎样的关系一直是国内外学者广泛探讨和研究的问题。目前，国内外关于 OFDI 对出口的影响主要有以下三种观点。

第一种观点认为 OFDI 能够促进出口，二者是互补关系。彼得（Peter，1996）认为中国台湾对马来西亚的直接投资对中国台湾的出口是有正面影响的。徐等（Seo et al.，2006）发现在 1987~2002 年间东盟四国的直接投资存量对韩国的进出口并没有明显的替代效应。然而同时期的直接投资流量对韩国的出口起到促进作用。彼得（2012）汇总了 1989~2006 年有关中国台湾的数据，发现对外直接投资对中国台湾出口的影响表现为互补效应。姜（Kang，2012）分析了 1988～2006 年韩国与发达国家和发展中国家之间的直接投资对韩国 12 个制造业出口的影响，认为相比对发达国家的投资，韩国对发展中国家的直接投资更能够增加韩国对这些国家的出口。辛格（Singh，2016）研究了不同的对外直接投资类型对母国出口的影响，发现海外生产的合资模式会引导投资国更多地出口。古等（Gu et al.，2016）通过 2003～2011 年中国与 108 个东道国的面板数据实证发现中国对外直接投资对出口产生的创造效应随着两国产业结构差异的扩大而增强。王（Wang，2017）基于中国 2004～2014 年省级面板数据，通过固定效应模型和 GMM 方法发现对外直接投资对出口有积极影响，且中西部地区的积极作用比东部地区更大。张春萍（2012）、张纪凤和黄萍（2013）从宏观视角分析出中国的 OFDI 对出口有积极影响。蒋冠宏和蒋殿春（2014）、毛其淋和许家云（2014）从微观层面利用双重差分法分析工业企业数据，证实中国的 OFDI 能够促进企业出口。吴金龙等（2021）重点研究服务业，发现服务业对外直接投资能够显著促进企业服务贸易出口二元边际。张慧颖等（2023）的研究发现对外直接投资具有出口创造效应，但这一效应会受知识产权保护的影响，在地区间知识产权保护差异增大时，对外直接投资的出口创造效应会减弱。王妍和范爱军（2023）分析了中国对"一带一路"国家的直接投资，发现其有助于提升"一带一路"国家的制造业出口产品质量。华岳等（2024）认为中国企业的对外直接投资能显著提升出口产品质量。

第二种观点是 OFDI 与出口互为替代关系。蒙代尔（Mundell，1957）首次从理论上证明 OFDI 与贸易是替代关系。耶普尔

（Yeaple，2009）认为 OFDI 对于美国向高收入国家的出口有替代作用。科塞卡等（Fonseca et al.，2010）利用引力模型分析出 1996～2007 年葡萄牙的对外直接投资与贸易呈替代关系。兰切罗斯（Lancheros，2016）利用印度制药行业的数据分析出口、OFDI 和技术升级的关系，研究发现出口一直是印度跨国公司为扩张而鼓励国内技术活动的重要渠道，但是高水平的持续对外直接投资也可以起到这一作用。巴辛等（Bhasin et al.，2016）利用 1991～2012 年间亚洲十大新兴国家的面板数据，发现出口和 OFDI 之间存在长期因果关系，出口和 OFDI 之间可相互替代。然而，费拉吉纳等（Ferragina et al.，2015）汇总 2001～2003 年意大利对 68 个东道国、16 个行业的企业数据后，从微观视角得出结论：企业出口绩效与国外分支机构有成效的收购和就业并不存在替代关系。

第三种观点是 OFDI 对出口的影响不确定。吴等（Goh et al.，2012）选择马来西亚为研究对象，认为 OFDI 与贸易之间的联系并不显著。刘等（Liu et al，2016）提出对外直接投资和出口的摆重力模型。他们认为在对外直接投资初期，出口与对外直接投资互补，随着对外直接投资的成熟，两者相互替代。纳亚尔（Nayyar，2017）实证发现印度的进出口与 OFDI 存在长期均衡关系，但是长期的系数表明 OFDI 对于解释印度的进出口贸易并没有太大意义。陈俊聪和黄繁华（2013）得出中国对外直接投资对出口规模扩张的作用并不明显的结论。綦建红和陈晓丽（2011）、林志帆（2016）研究发现中国对发达国家的直接投资能够替代出口，对发展中国家的投资则会促进出口。王杰（2016）采用倾向评分匹配法从企业层面考察 OFDI 对出口数量的影响时，认为这一影响取决于替代效应和创造效应的比较。

从现有研究看，国内外学者大都从 OFDI 和总体出口视角出发探讨二者之间关系，而从 OFDI 对高技术产品出口影响视角进行探讨的研究并不多。隋月红和赵振华（2012）研究了中国 OFDI 对贸易结构的影响，发现中国 OFDI 对高技术产品出口额具有显著促进作用，尤其对中国出口到发展中国家的高技术产品影响更大，且 OFDI 对高技术产品出口结构的调整也具有正向作用。兰切罗斯（2016）分析了印度制药行业出口、OFDI 和技术升级的关系，研究发现出口和高水平的持续对外直接投资都是促进印度跨国公司技术升级的重要渠道，二者之间是相互促进的。熊漫漫（2016）探讨中国对欧盟直接投资对高技术产品出口的影响，发现二者存在正向关系。王佳和刘美玲（2019）认为 OFDI 有利于提升母国高技术产业出口技术复杂度。在当前国际经济竞争日趋激烈的情况下，技术竞争已成为各国角逐的焦点，高技术产品出口是一国核心竞争力的重要表现。在此背景下，研究中国对外直接投资对高技术产品出口的影响，分析其影响机理，进而制定科学政策，具有重要意义。

现有文献主要是基于宏观视角研究中国 OFDI 对高技术产品出口的影响，但从微观层面考察其具体影响的研究较少。随着异质性企业贸易理论的发展，边际分析方法被越来越多地应用于贸易增长分析，从而能够更精准地从微观角度观察贸易增长的结构（施炳展，2010；高越等，2014；钟建军等，2016）。胡梅尔斯和克莱诺（2005）在贸易的扩展边际和集约边际增长的基础上[1]，将集约边际增长进一步分解为数量边际增长和价格边际增长，从而构建出贸易增

---

① 贸易的集约边际增长指一国的贸易增长主要来源于现有贸易企业和贸易产品在单一方向上量的扩张，扩展边际增长指一国贸易增长主要基于新的企业进入贸易市场以及贸易产品种类的增加。

长的三元边际分析框架。本章将基于贸易增长的三元边际分析框架，探讨中国对外直接投资对高技术产品出口的影响，从而为制定对外直接投资政策，提升出口产品结构提供科学、合理的依据。

第三节　理 论 机 制

对外直接投资对高技术产品出口的影响机理可从对外直接投资动机入手进行分析。根据联合国贸发会议（UNCTAD）的划分，对外直接投资动机大体上可分为三类：市场寻求型、效率寻求型和创新资产寻求型。不同的投资动机对高技术产品出口影响的渠道也不相同。本章将从投资动机入手，分析中国 OFDI 对高技术产品出口数量边际、价格边际和扩展边际的影响。

一、中国 OFDI 对高技术产品出口数量边际的影响

对外直接投资如果以寻求市场为动机，则对出口数量边际可能产生两方面影响：一方面，投资引致新市场的开辟会扩大中国的对外贸易联系，从而为增加中国高技术产品的出口数量提供可能；另一方面，如果市场寻求型对外投资是为了避开贸易壁垒而进行的投资，则可能会形成对高技术产品出口的替代，从而减少出口数量。

对外直接投资如果以寻求效率为动机，即中国通过 OFDI 将逐渐丧失低成本优势的产业（边际产业）向劳动力、土地资源丰富且廉价的发展中国家转移，以提高国际经营效率。在此情况下，一方面由于生产要素的优化配置导致投资企业生产成本的降低引起高技

术产品出口价格的下降，从而引起出口数量的扩大；另一方面也可能由于投资引起中国原来对东道国的出口转向在东道国生产商品后直接在当地销售，从而引起出口数量的减少。

对外直接投资如果以寻求资产创新为动机，即中国通过在高新技术、生产工艺及关键设备等领域对东道国投资以获取东道国的先进技术，这种情况下中国主要集中于对发达国家进行投资。由于中国对发达国家投资获取的"逆向技术溢出效应"提高了企业的技术水平和管理水平，降低了生产成本，从而有利于高技术产品出口数量的增加。

二、中国 OFDI 对高技术产品出口价格边际的影响

市场寻求型投资在开辟新市场时，增加了国外对中国高技术产品的需求，可能引起出口产品价格的上升。效率寻求型投资通过将中国高技术产品的加工、组装等生产环节转移到具有劳动力价格优势的国家或者直接在东道国生产后销售，从而削减生产成本和运输成本，从而导致出口品价格的下降。创新资产寻求型对外投资以提高产品技术含量为目的，通过加大研发力度学习和改进技术，不断提高产品的质量，因而引起出口价格的提高。

三、OFDI 对高技术产品出口扩展边际的影响

市场寻求型对外直接投资一方面促进了企业进入新的目标市场，同时也加大了国际市场对多样性产品的需求，促使企业不断研发能够满足国际需求的新产品，从而引起高技术产品出口种类的增

加，这将促使高技术产品出口沿扩展边际增长。效率寻求型投资主要因投资企业利用东道国比较优势转移"边际产业"引起，生产成本的下降刺激了企业出口数量的扩张，从而可能限制了高技术产品出口沿扩展边际增长。创新资产寻求型投资以提高技术水平为目的，技术水平的提高将促进产品种类的多样性，从而促进高技术产品沿扩展边际增长。

总体而言，中国 OFDI 对高技术产品出口数量边际、价格边际和扩展边际增长的影响并不确定，其效果与 OFDI 投资动机类型存在密切关系。

第四节　研　究　设　计

一、模型构建

考虑到出口品为高技术产品[①]，文章在丁伯根（Tinbergen，1962）采用的引力模型基础上加入了研发能力、是否签订自由贸易协定两项指标，构建出中国对外直接投资与高技术产品出口的理论模型。模型具体形式如下：

$$\ln Y_{ijt} = \alpha_0 + \alpha_1 \ln(GDP_{it} \times GDP_{jt}) + \alpha_3 \ln(POP_{it} \times POP_{jt})$$
$$+ \alpha_4 \ln OFDI_{ijt} + \alpha_5 \ln DIST_{ij} + \alpha_6 \ln RD_i + \alpha_7 FTA + u_{ijt}$$

$$(3.1)$$

[①] 参照 OECD 标准（2011）中 ISIC Rev. 3 对高技术产品的分类，选择航空航天产品（353）、药品（2423）、办公、会计和计算机器（30）、广播、电视和通讯设备（32）、医疗、精密光学仪器（33）五类为高技术产品。

模型中，下标 i 和 j 分别表示中国和东道国①，t 表示年份。Y_{ijt} 包括 R_{ijt}、EM_{ijt}、Q_{ijt} 和 P_{ijt}，分别表示中国高技术产品出口的出口份额②、扩展边际、数量边际和价格边际。GDP_t、POP_t、$OFDI_{ijt}$、$DIST_{ij}$、RD_{it} 分别代表中国和东道国的经济规模、人口规模、中国的对外直接投资、中国与贸易国的地理距离、中国的研发能力。虚拟变量 FTA 代表是否与中国签订自由贸易协定。

二、变量说明

(一) 被解释变量：出口边际

出口份额（R）、出口扩展边际（EM）、数量边际（Q）、价格边际（P）。利用 UN Comtrade 数据库中有关高技术产品出口的数据，参照胡梅尔斯和克莱诺（2005）及施炳展（2010）的计算方法得出。

(二) 解释变量：对外直接投资（$OFDI$）

本章选择对外直接投资存量作为衡量指标，因为相比流量，存量能更有效地反映对外直接投资的长期影响。数据来源于中国对外

---

① 综合考虑中国向世界各经济体的直接投资及高技术产品出口情况，本章选取了 31 个国家（或地区）作为研究对象，分别是德国、美国、日本、意大利、匈牙利、法国、英国、加拿大、卢森堡、比利时、巴西、智利、韩国、中国香港、哥伦比亚、捷克共和国、马来西亚、墨西哥、荷兰、巴基斯坦、波兰、俄罗斯、沙特阿拉伯、新加坡、斯洛伐克、南非、西班牙、泰国、土耳其、俄罗斯、澳大利亚。2016 年，中国对这 31 个国家（地区）的直接投资存量占中国对世界投资存量总额的 80.74%，中国对这 31 个国家（地区）出口高技术产品的总值占中国当年高技术产品出口总值的 83.56%，在统计意义上足够具有代表性。

② 参考施炳展（2010），出口份额可分解为扩展边际、数量边际和价格边际，即 $R = EM \times Q \times P$。

直接投资公报。

（三）控制变量

（1）经济规模（GDP、POP），用来代表一国的经济发展水平。参考亢梅玲（2016）的方法，选择 $GDP_i \times GDP_j$ 和 $POP_i \times POP_j$ 作为代理变量，共同衡量经济规模。一般来说，经济规模扩大会增加中国高技术产品的出口。因此，预期这一变量对四个因变量均有正向影响。数据来自 WDI 数据库。

（2）地理距离（DIST）。地理距离可以衡量可变贸易成本。贸易伙伴国之间的地理距离小，意味着贸易成本低，两国进行贸易的可能性会更大。因此，预期距离对价格边际有正向影响，对其他边际均为负向影响。数据来源于 CEPII 数据库。

（3）研发能力（RD）。高技术产品属于技术密集型产品，研发是核心环节。研发能力越强，开发出的高技术产品种类越多，并且生产出的技术产品不需担心出口过程中的侵权问题，出口量势必也会增加，因此预计这一变量在扩展边际和数量边际的模型中符号为正。至于价格，可能因为高昂的研发成本而提高，也可能由于巨大的出口量而降低，因此在价格模型中的符号并不确定。选择高技术行业的研发支出占主营业务收入的比重来代表这一变量，数据来源于《中国高技术产业统计年鉴》。

（4）是否签订自由贸易协定（FTA）。FTA 属于虚拟变量，如果两国间签订自由贸易协定，FTA 取 1；反之，取 0。预期这一变量对市场份额、扩展边际和数量边际的影响均为正，对价格边际的影响为负。

以上变量的样本期间为 2003～2021 年，除虚拟变量外均采用对数形式，对变量的描述性统计分析见表 3 - 1。

表 3 - 1   变量的描述性统计

变量	观察值	均值	标准差	最大值	最小值
$\ln R$	589	- 1.936	0.660	- 0.548	- 3.938
$\ln EM$	589	- 0.057	0.070	1.942	- 0.854
$\ln Q$	589	- 1.706	0.641	- 0.285	- 3.897
$\ln P$	589	- 0.173	0.309	1.942	- 0.854
$\ln OFDI_{ijt}$	584	11.299	2.691	18.859	2.303
$\ln GDP_t$	589	56.958	1.365	61.062	53.422
$\ln POP_{jt}$	589	38.391	1.300	40.689	33.997
$\ln DIST_{ij}$	589	8.866	0.652	9.866	6.862
$\ln RD_{it}$	589	- 4.094	0.359	- 3.480	- 4.557
FTA	589	0.160	0.367	1	0

第五节　实证分析

一、面板数据实证分析

为确定采用何种模型估计方程，通常的做法是先根据 F 检验判断选择固定效应（FE）还是混合回归（OLS），再根据 LM 检验判断选择随机效应（RE）还是 OLS，最后根据 Hausman 检验确定应该使用 FE 还是 RE。经检验，市场份额、扩展边际和数量边际适合 FE，价格边际适合 RE。表 3 - 2 同时列出 OLS 估计的结果，但仅作参考，回归结果分析如下：

表 3-2 第（1）（2）列显示的是出口份额的回归结果。可以看出，中国的对外直接投资无论在 OLS 还是 FE 下都对出口总额产生正向影响，表明中国对外直接投资能够促进高技术产品的出口。经济发展水平对出口份额有显著的正向影响，人口规模也有正向影响，且通过 1% 的显著性检验，表明由二者共同决定的市场规模对出口有积极影响。在 OLS 效应下，距离这一变量的符号也符合预期，说明地理距离越远，高技术产品出口越少。考虑到高技术产品的特殊性，模型中加入研发能力这一指标，结果表明在 OLS 下研发能力是促进高技术产品出口的重要因素，但在固定效应下研发能力对高技术产品出口产生抑制作用。在固定效应下，与中国签订自由贸易协定对高技术产品出口具有抑制作用。

接下来具体分析对外直接投资如何影响出口的扩展边际、数量边际和价格边际。表 3-2 第（3）（4）列显示了扩展边际的回归结果。在固定效应下，OFDI 对出口种类的影响显著为正，表明中国对外直接投资能够促进高技术产品出口多样化，这可能是由于中国对外直接投资在促进企业进入新的目标市场的同时也加大了国际市场对多样性产品的需求，促使企业不断研发能够满足国际需求的新产品，从而引起高技术产品出口种类的增加。也可能因为中国对外直接投资以提高技术水平为目的，技术水平的提高将促进产品种类的多样性，从而促进高技术产品沿扩展边际增长。经济发展水平与人口规模的符号与预期一致，均对出口种类有显著的正向影响，因此市场规模能够促进出口种类的增加。中国会对签订自由贸易协定的伙伴国出口更多种类的产品，因为国家间取消了绝大部分的贸易壁垒，产品贸易是自由的。

表3-2　中国OFDI对高技术产品出口份额、扩展边际、数量边际及价格边际的影响

变量	lnR OLS (1)	lnR FE (2)	lnEM OLS (3)	lnEM FE (4)	lnQ OLS (5)	lnQ FE (6)	lnP OLS (7)	lnP RE (8)
$\ln OFDI_{ij}$	0.1245*** (0.0117)	0.0520*** (0.0125)	-0.0006 (0.0014)	0.0079*** (0.0019)	0.0788*** (0.0128)	0.0618*** (0.0156)	0.0463*** (0.0069)	0.0423*** (0.0097)
$\ln GDP$	-0.3000*** (0.0277)	0.6323*** (0.0780)	0.0073** (0.0033)	-0.0376*** (0.0117)	-0.1588*** (0.0304)	0.7400*** (0.1070)	-0.1485*** (0.0165)	-0.1135*** (0.0353)
$\ln POP$	0.2828*** (0.0237)	0.9486*** (0.2786)	0.0112*** (0.0028)	0.3013*** (0.0419)	0.2331*** (0.0261)	0.2258 (0.3823)	0.0385*** (0.0141)	0.0194 (0.0336)
$\ln DIST_{ij}$	-0.0657** (0.0329)		-0.0145*** (0.0039)		-0.0632* (0.0362)		0.0120 (0.0196)	0.0299 (0.0484)
$\ln RD$	0.5871*** (0.0703)	-0.6202*** (0.0874)	0.0267*** (0.0083)	0.0103 (0.0131)	0.3875*** (0.0772)	-0.6322*** (0.1200)	0.1729*** (0.0418)	0.1216** (0.0541)
FTA	0.2738*** (0.0646)	-0.1018* (0.0590)	0.0191** (0.0076)	-0.0264*** (0.0089)	0.3953*** (0.0710)	-0.0507 (0.0809)	-0.1406*** (0.0384)	-0.0316 (0.0507)
Cons	5.8335*** (1.1689)	-77.5123*** (9.8812)	-0.6573*** (0.1373)	-9.5326*** (1.4857)	-0.4179 (1.2847)	-55.2180*** (13.5610)	6.9086*** (0.6949)	5.3101*** (1.5254)
N	584	584	584	584	584	584	584	584
R^2	0.4911	0.6720	0.1955	0.2613	0.3563	0.4054	0.1936	0.1790

注：表中括号内为标准误，***、 **、 * 分别表示在1%、5%、10%水平下显著。

表 3–2 第（5）（6）列是数量边际的估计结果。OFDI 对高技术产品出口的数量具有显著的积极影响，表明 OFDI 同样是促进高技术产品出口数量增长的重要因素。GDP 对出口数量有显著的积极影响，表明经济发展水平的提高有利于高技术产品出口量的增加。人口规模对高技术产品的影响也显著为正，表明人口规模有利于促进出口数量的增长。因此，由 GDP 与人口规模共同决定的市场规模对高技术产品的出口数量有显著的促进作用。研发能力对出口数量的影响为负，这可能是由于研发能力的提高使得出口产品中的专利技术含量更高，高技术产品的出口由数量向质量转变。虽然固定效应无法估计出不随时间而变的变量的影响，但在 OLS 效应下，距离对出口数量有显著的负向影响，中国与伙伴国签订自由贸易协定对出口数量有显著正向影响，说明中国积极与各主要伙伴国建立经贸合作关系、签订自由贸易协定，能够提高贸易的自由化程度，从而有利于促进中国高技术产品的出口。

表 3–2（7）（8）列是价格边际的估计结果。OFDI 对出口价格有正向影响，且通过 1% 的显著性检验，说明中国对外的直接投资有利于高技术产品出口价格的提升，一方面可能是因为对外直接投资使得中国企业有机会学习到国际先进的技术，从而提高出口产品的质量，高质量意味着高价格，因此产品的出口价格提高；另一方面，对外直接投资带动了东道国的经济发展，东道国对进口产品的要求更高，促使中国加大产品的研发力度，不断提高产品的质量，从而提高出口价格。经济规模的扩大对出口价格有负向影响，这可能是由于生产能力的提高，提高了生产率，并且产品生产实现规模经济，降低了生产成本，因此出口价格下降。距离对高技术产品出口的价格几乎没有影响，但符号与预期相符，这一结果与刘

瑶、丁妍（2015）的结论相同，主要是由于高技术产品的重量轻但价格昂贵，距离所产生的成本占产品价格的比重很小。FTA 对出口价格的影响为负，与预期相符，签订自由贸易协定会降低出口的交易成本，从而降低出口品的价格。

二、稳健性检验

（一）内生性检验

考虑到 OFDI 存在内生性，为解决这一问题，本节借鉴景光正等（2016）方法，选用 OFDI 的滞后一期作为工具变量，采用两阶段最小二乘法（2SLS），估计结果见表 3 - 3。考虑内生性后，OFDI 对出口市场份额的影响仍然显著为正，中国的 OFDI 每增加 1%，高技术产品的出口份额将增加约 0.08%。OFDI 对出口扩展边际同样具有积极影响。OFDI 对出口数量边际的影响为正向，对高技术产品出口数量表现出促进作用，但这一影响并不显著。OFDI 对出口价格的影响和在其他效应下一致，为正向显著，表明中国对外直接投资对高技术产品出口价格具有稳定的提升作用。由此可以看出，在考虑内生性后，核心解释变量 OFDI 对出口边际的影响仍较为稳健，进一步支持了本章的结论，中国的 OFDI 对高技术产品的出口产生了积极影响。

表 3-3 中国 OFDI 对高技术产品出口的 2SLS 估计

变量	lnR		lnEM		lnQ		lnP	
	2SLS (1)	2SLS-FE (2)	2SLS (3)	2SLS-FE (4)	2SLS (5)	2SLS-FE (6)	2SLS (7)	2SLS-RE (8)
$\ln OFDI_{ij}$	0.1259*** (0.0130)	0.0776*** (0.0180)	-0.0017 (0.0014)	0.0088** (0.0026)	0.0799*** (0.0142)	0.0409* (0.0247)	0.0476*** (0.0077)	0.0455*** (0.0124)
$\ln GDP$	-0.3201*** (0.0289)	0.4601*** (0.1002)	0.0072** (0.0032)	-0.0615*** (0.0145)	-0.1769*** (0.0316)	0.4712*** (0.1371)	-0.1504*** (0.0171)	-0.1002*** (0.0378)
$\ln POP$	0.3013*** (0.0244)	1.0650*** (0.3070)	0.0109*** (0.0027)	0.3253*** (0.0443)	0.2457*** (0.0266)	0.1417 (0.4201)	0.0447*** (0.0144)	0.0169 (0.0347)
$\ln DIST_{ij}$	-0.0662** (0.0334)		-0.0130*** (0.0037)		-0.0683* (0.0365)		0.0151 (0.0197)	0.0394 (0.0487)
$\ln RD$	0.5503*** (0.0708)	-0.5109*** (0.1003)	0.0267*** (0.0079)	0.0333** (0.0145)	0.3397*** (0.0773)	-0.3869*** (0.1373)	0.1839*** (0.0418)	0.1067* (0.0563)
FTA	0.2496*** (0.0653)	-0.0281 (0.0649)	0.0209*** (0.0073)	-0.0230** (0.0094)	0.3651*** (0.0713)	0.0108 (0.0889)	-0.1365*** (0.0386)	-0.0164 (0.0544)
$Cons$	6.1286*** (1.1947)	-72.0250*** (10.7880)	0.6411*** (0.1331)	-9.0082*** (1.5580)	-0.0068 (1.3047)	-36.0318** (14.7658)	6.7766*** (0.7056)	4.4569*** (1.5742)
N	553	553	553	553	553	553	553	553
R^2	0.4671	0.5964	0.1917	0.2206	0.3355	0.2919	0.1892	0.1630

注：表中括号内为标准误，***、**、*分别表示在1%、5%、10%水平下显著。

（二）动态面板回归

由于惯性，当期出口可能受之前出口行为的影响，在解释变量中加入被解释变量的滞后项进行动态面板分析，用于考察出口的动态行为。由表3－4的模型1～模型4可看出，中国的对外直接投资对高技术产品出口的扩展边际和价格边际仍具有显著促进作用，对出口市场份额和数量边际同样具有正向影响。

表3－4　中国对外直接投资对高技术产品出口三元边际的影响
（动态面板）

因变量	$\ln R$	$\ln EM$	$\ln Q$	$\ln P$
	模型1	模型2	模型3	模型4
$\ln Y$	0.614 *** （0.033）	0.400 *** （0.037）	0.493 *** （0.038）	0.506 *** （0.035）
$\ln OFDI_{ij}$	0.017 （0.011）	0.005 *** （0.002）	0.010 （0.016）	0.025 *** （0.006）
$\ln GDP$	0.219 *** （0.070）	－ 0.051 *** （0.012）	0.157 （0.110）	－ 0.073 *** （0.015）
$\ln POP$	0.203 （0.236）	0.234 *** （0.041）	－ 0.067 （0.361）	0.018 （0.012）
$\ln DIST_{ij}$				0.010 （0.017）
$\ln RD$	－ 0.251 *** （0.078）	0.035 *** （0.013）	－ 0.069 （0.121）	0.074 ** （0.037）
FTA	0.009 （0.050）	－ 0.018 ** （0.009）	0.053 （0.077）	－ 0.070 ** （0.033）

续表

因变量	lnR	lnEM	lnQ	lnP
	模型 1	模型 2	模型 3	模型 4
Cons	−22.184 ** (8.612)	−6.003 *** (1.433)	−7.598 (12.896)	3.324 *** (0.653)
N	555	555	555	555
R^2	0.765	0.377	0.470	0.410

注：表中括号内为标准误，*** 、** 、* 分别表示在 1%、5%、10% 水平下显著。

（三）去除极端值

为降低变量极端值对模型回归结果的影响，对变量处于 1% 和 99% 分位上的数据进行 winsorize 处理。通过表 3 – 5 中模型 1 ~ 模型 4 可知，删除变量极端值后，中国对外直接投资对高技术产品出口市场份额、扩展边际和价格边际仍保持显著正向影响，对出口数量边际的影响虽不显著，但仍为正向。

表 3 – 5　中国对外直接投资对高技术产品出口三元边际的影响

（去除极端值）

因变量	lnR	lnEM	lnQ	lnP
	模型 1	模型 2	模型 3	模型 4
$\ln OFDI_{ij}$	0.047 *** (0.013)	0.006 *** (0.002)	0.014 (0.017)	0.040 *** (0.009)
$\ln GDP$	0.646 *** (0.078)	−0.022 ** (0.011)	0.711 *** (0.104)	−0.106 *** (0.034)
$\ln POP$	0.911 *** (0.280)	0.263 *** (0.038)	0.167 (0.373)	0.014 (0.032)

续表

因变量	lnR	lnEM	lnQ	lnP
	模型 1	模型 2	模型 3	模型 4
$lnDIST_{ij}$				0.025 (0.047)
$lnRD$	−0.616*** (0.088)	0.003 (0.012)	−0.601*** (0.117)	0.123** (0.051)
FTA	−0.101* (0.059)	−0.026*** (0.008)	−0.040 (0.079)	−0.026 (0.048)
Cons	−76.786*** (9.987)	−8.956*** (1.351)	−51.224*** (13.280)	5.156*** (1.461)
N	584	584	584	584
R^2	0.665	0.270	0.412	0.189

注：表中括号内为标准误，***、**、*分别表示在1%、5%、10%水平下显著。

三、异质性分析

（一）高收入和中等收入国家（地区）

为识别出中国对外直接投资对中国向不同类型伙伴国（地区）出口高技术产品的具体影响，本节按照世界银行的分类，将伙伴国划分为高收入国家（地区）和中等收入国家（地区）[①]，回归结果见表3–6。表3–6中模型1～模型4是中国对外直接投资对中国出口高技术产品到高收入国家（地区）的回归结果。中国对外直接投资对中国高技术产品出口到高收入国家（地区）的市场份额、扩

———————

[①] 与前文分类一致。

表3－6　中国对外直接投资对高技术产品出口的影响（按收入水平分组）

因变量	lnR 模型1	lnEM 模型2	lnQ 模型3	lnP 模型4	lnR 模型5	lnEM 模型6	lnQ 模型7	lnP 模型8
	X = 高收入国家（地区）				X = 中等收入国家（地区）			
$\ln OFDI_{ij}$	0.075*** (0.015)	0.007*** (0.02)	0.050*** (0.018)	0.018 (0.012)	0.035 (0.023)	0.005 (0.003)	-0.102** (0.049)	0.131*** (0.042)
$\ln GDP$	0.529*** (0.098)	-0.042*** (0.015)	0.595*** (0.116)	-0.024 (0.078)	0.723*** (0.123)	0.006 (0.018)	1.120*** (0.267)	-0.404* (0.231)
$\ln POP$	0.699** (0.330)	0.370*** (0.051)	-0.084 (0.389)	0.414 (0.263)	-0.133 (0.510)	0.055 (0.074)	-1.210 (1.106)	1.022 (0.956)
$\ln RD$	-0.621*** (0.111)	0.016 (0.017)	-0.644*** (0.131)	0.007 (0.089)	-0.220* (0.124)	-0.005 (0.018)	-0.256 (0.268)	0.041 (0.232)
FTA	-0.087 (0.073)	-0.040*** (0.011)	-0.034 (0.087)	-0.014 (0.059)	0.053 (0.082)	0.004 (0.012)	0.157 (0.179)	-0.108 (0.154)
Cons	-62.212*** (12.267)	-11.727*** (1.906)	-35.724** (14.474)	-14.756 (9.787)	-38.765** (17.265)	-2.629 (2.508)	-17.512 (37.397)	-18.624 (32.324)
N	413	413	413	413	171	171	171	171
R^2	0.581	0.274	0.372	0.071	0.876	0.320	0.522	0.087

注：括号内为标准误，***、** 和 * 分别表示在 1%、5% 和 10% 水平上显著，固定效应下不随时间变化的距离变量无法显示。

展边际和数量边际起到显著的促进作用，对出口价格边际的影响为正但不显著。模型5~模型8是目的地为中等收入国家（地区）的结果，中国对外直接投资对出口到这类国家的产品数量具有显著抑制作用，对出口价格则具有显著正向影响，但对出口市场份额和扩展边际的影响不明显。比较两组不同类型的目的国（地区）可发现，相比中等收入国家，中国对高收入国家（地区）的出口市场份额与扩展边际受对外直接投资的正向影响更显著，也更强烈。这主要是因为发达国家（地区）对多样性产品的需求更大，促使企业不断研发能够满足国际需求的新产品，从而引起高技术产品出口种类的增加。中国对中等收入国家的出口价格边际受对外直接投资的正向影响更大。中国对外直接投资对我国高技术产品出口数量的促进作用主要体现在对高收入国家（地区）的出口上，对中等收入国家（地区）的出口数量则呈现抑制效应。这可能是因为中国对发达国家投资获取的"逆向技术溢出效应"提高了企业的技术水平和管理水平，降低了生产成本，从而有利于高技术产品出口数量的增加。中国对于中等收入国家（地区）的投资主要以寻求效率为动机，可能由于投资引起中国原来对东道国的出口转向在东道国生产商品后直接在当地销售，从而引起出口数量的减少。

（二）金融危机

为检验金融危机对于本章研究结论的影响，以2008年国际金融危机为界，将样本划分为国际金融危机前（2003~2007年）和国际金融危机后（2008~2021年）两组样本，回归结果见表3-7。比较模型1和模型5可知，国际金融危机前，中国加强对外直接投资对高技术产品出口份额的影响为正但不显著，国际金融危机之后，

表 3 – 7　中国对外直接投资对高技术产品出口的影响（按 2008 年金融危机分组）

因变量	ln R 模型 1	ln EM 模型 2	ln Q 模型 3	ln P 模型 4	ln R 模型 5	ln EM 模型 6	ln Q 模型 7	ln P 模型 8
	金融危机之前				金融危机之后			
$\ln OFDI_{ij}$	0.022 (0.016)	0.013*** (0.003)	-0.067** (0.028)	0.075*** (0.026)	0.067*** (0.020)	0.006** (0.003)	0.010 (0.028)	0.050** (0.020)
$\ln GDP$	0.945*** (0.119)	0.002 (0.026)	1.185*** (0.208)	-0.241 (0.196)	0.113 (0.120)	-0.055*** (0.018)	-0.186 (0.169)	0.355*** (0.119)
$\ln POP$	-0.502 (0.941)	-0.075 (0.203)	1.036 (1.640)	-1.463 (1.544)	1.858*** (0.432)	0.437*** (0.066)	0.785 (0.608)	0.636 (0.430)
$\ln RD$	-0.900 (0.729)	-0.272* (0.157)	-1.350 (1.270)	0.722 (1.196)	-0.259** (0.123)	0.019 (0.019)	0.271 (0.174)	-0.549*** (0.123)
FTA	-0.060 (0.067)	-0.020 (0.014)	-0.151 (0.117)	0.110 (0.110)	-0.029 (0.086)	-0.029** (0.013)	-0.106 (0.121)	0.106 (0.086)
$Cons$	-40.514 (32.314)	1.389 (6.975)	-114.026** (56.321)	72.142 (53.043)	-81.491*** (14.652)	-13.663*** (2.223)	-20.131 (20.598)	-47.698*** (14.565)
N	150	150	150	150	434	434	434	434
R^2	0.767	0.214	0.529	0.077	0.304	0.222	0.043	0.135

注：括号内为标准误，***、**和*分别表示在 1%、5% 和 10% 水平上显著，固定效应下不随时间变化的距离变量无法显示。

对外直接投资起到显著促进作用。比较出口分解后的结果可知,金融危机后,中国对外直接投资对高技术产品出口扩展边际的促进作用以及对出口价格边际的提升作用稍有减弱。模型 3 的结果显示,国际金融危机前,中国对外直接投资的加强不利于高技术产品的出口数量增长。这可能是由于中国以模仿为主的高技术生产企业减少了出口数量,从而导致数量边际下降。

第六节　结论及政策建议

本章基于 2003~2021 年中国对 31 个国家(地区)直接投资及高技术产品出口贸易的数据,分别从扩展边际、数量边际和价格边际(三元边际)的视角,对中国对外直接投资对高技术产品出口的种类、数量及价格的影响进行实证研究。主要结论如下:第一,中国的 OFDI、经济规模、距离、研发能力及是否签订自由贸易协定对高技术产品的出口具有重要影响。中国的 OFDI 及经济规模对高技术产品的出口份额有积极影响;经济规模及自由贸易协定的签订有利于高技术产品出口种类的增加,对出口数量也有正向影响,但在一定程度上会降低出口品的价格。第二,从整体看,中国的对外直接投资有利于高技术产品出口总额的增加。具体来看,考虑内生性后,中国对外直接投资对高技术产品出口种类的影响为正,对出口数量和出口价格也具有显著的正向影响。出口价格的提高表明中国对外直接投资提高了高技术出口产品的质量,这对于中国提高出口竞争力、实现外贸经济的高质量发展具有重要意义。第三,中国对外直接投资对高技术产品出口市场份额、扩展边际和数量边际的促进作用主要体现在对高收入国家（地区）的出口，对价格边际的促进作用主要体现在对中等收入国家（地区）的出口。国际金融危机前，中国对外直接投资有利于出口扩展边际和价格边际的增长，对出口数量边际具有抑制作用；国际金融危机之后，中国对外直接投资对高技术产品出口市场份额、扩展边际和价格边际均具有显著促进作用，对出口数量边际的影响也转为正向。

　　基于以上结论，中国应通过加大对外直接投资带动出口贸易的发展，提升出口产品质量，优化出口结构。首先，坚定贯彻落实"走出去"的国家政策，鼓励、引导和扶持中小企业走出去，到境外投资。其次，中国应与更多的国家签订自由贸易协定，不仅可以节省通关时间、降低成本，还可以为高技术企业对外投资提供良好的投资环境，促使更多企业"走出去"投资，带动高技术产品的出口贸易。最后，中国政府应积极推进"一带一路"倡议，为中国与共建国家的经济合作提供新的平台，带动中国对外直接投资规模的扩大和投资结构的优化。另外，中国对于高技术产品的投资应以创新资产寻求型为主，旨在促进高技术产品的多样化，提高产品的技术含量。同时，中国还应加大对高技术行业的研发投入力度，引导、激励企业进行自主创新，提高科研水平。

第四章 经济政策不确定性 与高技术产品出口

本章利用巴克尔等（Baker et al.，2016）制定的经济政策不确定性指数，研究 2002～2017 年中国的经济政策不确定性对高技术产品出口扩展边际、数量边际和价格边际的影响。研究发现，经济政策不确定性对中国高技术产品出口贸易的抑制效应表现为扩展边际和数量边际的下降，即出口种类和数量的减少，对出口价格边际起促进作用。进一步研究发现，相较于中等收入国家，中国对高收入水平的国家（地区）出口高技术产品受中国经济政策不确定性的影响更加明显和强烈；受金融危机冲击，国内经济政策不确定性对出口扩展边际和价格边际的影响也变得更加剧烈。基于此，本章从稳定经济政策、加强技术创新和深化经贸合作等方面提出促进高技术产品出口发展的政策建议。

第一节 引　言

自 2008 年全球金融危机爆发之后，世界各国为复苏经济频繁出台经济政策，经济政策表现出极大的不确定性。当今科技竞争已成为国际竞争的"制高点"，各国政府为抢夺这一"制高点"纷纷通过产业政策、贸易政策等手段推动高技术产业的发展，由此引起的政策不确定性更加剧烈。尤其是特朗普上台后推行贸易保护政策，无视世贸组织规则，单方面挑起中美贸易摩擦，大大增加了中国及相关国家的贸易不确定性，特朗普贸易政策让世界笼罩在极度"不确定性"的阴霾之下。技术变革、自由化进程受阻、社会动荡及政治不稳定等众多因素推动不确定性达到不可忽视的程度。2019年博鳌亚洲论坛年会上，各国参会嘉宾共同讨论世界经济的确定性与不确定性，集思广益，共商良策。可见，经济政策不确定性已成为一项全球性热点话题，引起国内外学者广泛关注。2020年10月29日通过的《中共中央关于制定国民经济和社会发展第十四个五年规划和二〇三五年远景目标的建议》中也强调国际环境日趋复杂，不稳定性不确定性明显增加，需要增强机遇意识和风险意识，认识和把握发展规律，抓住机遇，应对挑战。在不确定的经济环境下研究如何更好地促进高技术产品出口，对于贯彻新发展理念，加快培育我国国际经济合作与竞争新优势，进而推进建设世界科技强国具有重要的理论与现实意义。

中国作为转型中的大国，国内的经济政策也存在较大的不确定性。根据贝克等（Baker et al.，2016）制定的经济政策不确定性指数①可以看出，中国受2001年"入世"、2008年全球金融危机、2012年"四万亿计划"等的影响，经济政策不确定性不断攀升。尤其在2017年特朗普上台后到2018年美国引起贸易摩擦期间，中

---

① 数据来源：http://policyuncertainty.com/china_monthly.html。

国的经济政策不确定性指数达到巅峰。

　　中国高技术产品出口占总出口的比重由 2002 年的 20.9% 增长到 2021 年的 29.5%，平均占比为 28.6%。① 可见，中国高技术产品出口在整体出口中起着举足轻重的作用。在中国经济政策不确定性增加的同时，高技术产品出口额出现减少现象。那么经济政策不确定性是否会对高技术产品出口产生影响，是促进还是抑制？ 具体地，经济政策不确定性又会对高技术产品出口种类、数量和价格分别产生怎样的影响？ 这一影响机制是什么？ 考虑不同类型目的国（地区）以及 2008 年金融危机冲击后，这一结论是否存在差异？

　　为了回答上述问题，本章选择 2002 ~ 2017 年中国对 31 个贸易伙伴国（地区）出口高技术产品的贸易数据及巴克尔等（2016）构建的经济政策不确定性指标，分析了中国经济政策不确定性对中国高技术产品出口扩展边际、数量边际和价格边际的影响。结果表明，中国经济政策不确定性的增加抑制了高技术产品出口市场份额的扩大。具体来看，主要体现在对出口扩展边际和数量边际的抑制，但对出口价格边际具有正向提升作用。对于出口到高收入国家（地区）的产品受到不确定性的抑制作用更大。金融危机后，经济政策不确定性对出口扩展边际的影响转为强烈的负面效应，并显著提升出口价格。这一结论在考虑内生性、更换变量衡量指标等检验后仍稳健。

　　与已有文献相比，本章的贡献在于：（1）从三元边际的视角探讨经济政策不确定性对微观产品层面出口贸易的具体影响，检验经济政策不确定性如何影响出口产品的种类、数量和价格，从而为

---

① 数据来源：国家统计局。

出口贸易有效规避不确定性风险提供较为精准的建议；（2）结合现有文献着重分析了经济政策不确定性对出口三元边际影响的理论机制，为经济政策不确定性影响出口边际的路径提供合理解释；（3）考虑到不同行业出口增长的差异性，选择对出口转型升级具有关键作用的高技术行业，有针对性地分析经济政策不确定性对高技术产品出口的影响，从而为高技术行业出口技术升级和可持续发展提供新思路。

本章余下部分内容安排：第二节是对现有文献的整理和评述；第三节对经济政策不确定性影响出口的三元边际进行理论分析；第四节是构建经济政策不确定性影响出口的模型，并对变量和数据进行说明；第五节是实证结果及分析；第六节是结论和政策建议。

第二节 文 献 回 顾

现有关于经济政策不确定性的文献，主要集中于对投资、就业、创新等的影响分析。如巴克尔等（2016）发现政策不确定性引起股价波动、投资和就业减少等问题。李凤羽等（2015）也证实了经济政策不确定性对企业投资的抑制作用。还有部分学者们关注政策不确定性对创新的影响。在不确定环境下，风险和机遇同时存在。不确定性既可能导致企业研发造成的损失增加，也可能带给企业更高的研发投资回报（宋玉禄，2018）。一方面，在政策不确定性加剧的情况下，企业更倾向于通过创新摆脱不确定性这一困境，因此会鼓励企业增加研发投资（Atanassov et al.，2015；孟庆斌和师倩，2017；顾夏铭等，2018）。另一方面，政策不确定性的加剧也可能加剧企业融资约束，从而对技术创新起到显著抑制作用（佟家栋和李胜旗，2015；张倩肖和冯雷，2018；韩亮亮等，2019）。

近年来，关于经济政策不确定性的文献逐渐将视角转移到对贸易的影响研究。有关政策不确定性对中国出口影响的文献基本一致认为，政策不确定性的上升将阻碍出口贸易的发展。汉德雷和李（Handley & Limao，2015）从理论和实证两方面证明贸易政策不确定性对投资和参与出口有显著抑制影响。企业进入出口市场需要支付一项沉没成本，政策不确定性提高了企业投资的期权价值，企业会选择等到条件改善或不确定状况缓解再进入国际市场。潘家栋和韩沈超（2018）同样支持这一结论，认为中国和世界经济政策不确定性分别通过供给和需求方面抑制中国出口。苏理梅等（2016）通过倍差法识别出贸易政策不确定性下降将引起出口品质量的下降，对于不确定性下降大的行业，有更多生产低质产品的企业进入，且在位企业未能及时提升产品质量，综合作用导致整体出口质量下降较大。张兵兵和田曦（2018）的研究发现目的国经济政策不确定性增强有利于提高中国企业出口产品质量。王孝松和周钰丁（2022）则认为经济政策不确定性对出口产品质量的影响整体呈倒"U"型。黄智和陆善勇（2021）的研究表明经济政策不确定性会阻碍出口竞争力的提升。胡沅洪等（2021）的研究则发现经济政策不确定性能够倒逼企业加快研发创新，从而提升出口技术复杂度。

随着新新贸易理论的兴起，学者们将研究视角从贸易总额转移到贸易边际，试图从微观角度深入分析贸易增长的源泉。已有文献主要从二元边际视角考察政策不确定性对贸易的影响。格林兰德等（Greenland et al.，2014）将1995～2002年间的贸易总额分解为扩展边际和集约边际两部分，用引力模型评估政策不确定性对这两部分的影响，发现政策不确定性上升导致贸易总额和扩展边际均下降，主要以扩展边际的下降为主，对集约边际影响不明显。奥斯纳戈等（Osnago et al.，2015）研究了149个国家在HS6位数水平上的出口，用多边和区域贸易协定下的约束关税和应用关税间的差额衡量贸易政策不确定性，发现贸易政策不确定性是阻碍出口的重要因素。若贸易政策不确定性下降1%，出口量将增加1%，出口可能性提高12%。之后，奉等（Feng et al.，2017）利用包含贸易政策不确定性的异质企业模型探讨贸易政策不确定性下降时既有新企业出口也有在位企业退出的原因，发现这和新企业价低质优有关，不确定性的降低使得企业生产优质产品，并鼓励生产率高的企业出口，通过质量和价格优势增强中国企业对美国出口的竞争力。魏友岳和刘洪铎（2017）研究了中国的经济政策不确定性对出口二元边际的影响，发现经济政策不确定性显著抑制出口的扩展边际，对集约边际的影响无法确定。刘竹青和佟家栋（2018）则同时考察中国和国外经济政策不确定性对出口的影响，发现二者均会对中国出口贸易产生抑制作用，并且这一抑制作用主要体现在扩展边际。张本照等（2022）的研究也证实目的国经济政策确定性主要抑制企业出口扩展边际，对集约边际的影响不明显。胡梅尔斯和克莱诺（2005）将集约边际分解成数量边际和价格边际，提出三元边际的分解框架后，学者们将研究视角转向对出口三元边际的研究，但关于经济政策不确定性对出口的影响缺乏从三元边际视角分析的文章。由于行业和产品间存在差异，有必要对具体行业进行研究，从而提出更具针对性的建议。

通过以上分析可知，现有文献多关注经济政策不确定性对贸易总量的影响，将经济政策不确定性与贸易边际联系起来的文章并不多，且缺乏对高技术行业的针对性研究。因此，本章将从理论和实证方面具体分析经济政策不确定性对高技术产品出口种类、数量和价格的影响。

第三节　理 论 机 制

经济政策不确定性对出口的影响可归结为衡量其对供给和需求的影响，本节主要通过分析经济政策不确定性影响高技术产品国内供给和国外需求的机制，进一步分析经济政策不确定性影响高技术产品出口扩展边际、数量边际和价格边际的渠道。

一、经济政策不确定性对高技术产品出口扩展边际的影响

企业出口海外市场需要支付一笔高额固定成本（沉没成本），只有生产效率高的企业赚到足够利润才能负担这一成本。经济政策不确定性的增强将提高沉没成本（Handley & Limao，2015），此时等待观望的价值增加。一方面，企业会选择延迟进入出口市场。通常，出口市场拥有比国内市场更加激烈的竞争环境，企业出口有利于在国际竞争中激发创新动力，为在国际市场赢得一席之地不断提高产品质量，研发更多具有技术含量的新产品，促进出口产品的多样性。同时，出口企业在出口过程中还能学习到国外先进的技术和管理经验，对于多样化产品开发具有积极的促进作用。但在不确定的环境下，企业安于在国内市场发展，缺乏足够强的竞争和创新意

识，还会失去在出口中学习的机会。另一方面，在位出口企业将减少投资，用于新产品研发的投资减少，最终减少高技术产品出口的种类。施瓦茨等（Schwartz et al.，2003）发现不确定性会降低企业投资开发新技术的积极性。汉德雷和李（2015）认为，降低贸易政策不确定性有助于增加出口品的种类。因此，在经济政策不确定的环境下，高技术产品出口扩展边际将下降。

在不确定的经济环境下，出口商对国外消费需求持悲观预期，出口和投资的信心受到打击，将会减少对生产和研发的投资，其中研发投资的下降直接导致企业研发资金短缺，难以研制出更多样的创新型产品，出口种类减少。国外消费者对进口产品的要求往往比国内更高，出口产品为达到国外消费者的标准，会投入大量资源提升产品质量，如改进产品工艺、提高员工技术水平、发明新技术、提高生产力等途径（佟家栋和李胜旗，2015）。由于国外消费需求的减少导致企业对产品创新投入和多样性的需求减少，从而削弱企业研发新产品的动力。因此，高技术产品出口扩展边际将下降。

基于上述分析，本章提出假说1：经济政策不确定性与高技术产品出口扩展边际之间呈负向相关，即经济政策不确定性的上升将减少高技术产品出口种类。

二、经济政策不确定性对高技术产品出口数量边际的影响

经济政策不确定性的增加提高了投资的等待价值（Bloom，2007）和出口的沉没成本，企业通常持观望态度，对出口和投资的积极性下降。延迟进入出口市场的企业由于缺乏竞争激励、高标准

产品需求以及出口中学的机会而减少了出口品种类，这相当于也减少了出口数量。生产性投资的减少直接导致高技术产品产量缩减，从而导致出口数量减少。此外，企业对市场需求的预期也会影响其出口决策，当企业预期市场需求量大时，便会增加出口；反之，则减少出口。经济环境不稳定时，企业预期未来市场的状况会变差，认为消费需求势必减少，从而出口积极性下降，最终导致出口数量减少。

因此，提出假说2：经济政策不确定性与高技术产品出口数量边际之间同样是负向关系，经济政策不确定性增加不利于高技术产品出口数量的扩张。

三、经济政策不确定性对高技术产品出口价格边际的影响

在经济政策不确定性的环境下，一方面，企业可能持等待观望态度、延迟投资，高技术产品的产量缩减，供给的减少导致企业出口数量减少，在国外需求不变的情况下，产品出口价格将上升。但经济政策的不确定也可能导致国外需求下降，因此出口价格取决于国内供给和国外需求的变化。另一方面，经济政策不确定性可能倒逼企业通过创新规避不确定性风险。奈特（Knight，1921）指出，企业利润主要来源于不确定性，在不确定性提高的环境下企业倾向于增加创新投入。创新投入的增加通过提升产品质量进而将提高出口品价格。

由上述分析，本章提出假说3：经济政策不确定性的增加将提高中国高技术产品出口的价格边际。

第四节　研究设计

一、模型设定

为识别经济政策不确定性对出口的影响，本章采用经典引力模型进行检验。考虑到高技术产品出口的特点，将经济政策不确定性这一指标加入引力模型中，并纳入其他可能影响高技术产品出口的因素，扩展引力模型设定如下：

$$Y_{ijt} = \alpha_0 + \alpha_1 \ln EPU_{i,t-1} + \alpha_2 \ln GDP_t + \alpha_3 \ln Dist_{ij} + \alpha_4 \ln Free_{it}$$

$$+ \alpha_5 \ln Free_{jt} + \sum \varphi_i Z_{it} + \eta_t + \lambda_j + \varepsilon_{ijt} \qquad (4.1)$$

下标 i、j 分别代表中国和伙伴国，t 表示年份。Y_{ijt} 包括 R_{ijt}、EM_{ijt}、Q_{ijt} 和 P_{ijt}，分别代表第 t 年中国对伙伴国出口的贸易份额、扩展边际、数量边际和价格边际。EPU_{it} 表示第 t 年中国的经济政策不确定性，GDP_t 表示第 t 年中国和伙伴国的相对经济规模，$Dist$ 表示两国间的地理距离，Z 为控制变量，包括中国和伙伴国的经济自由度（$Free$）、中国的研发能力（RD）、是否签订自由贸易协定（FTA）等影响高技术产品出口的其他因素。η_t 和 λ_j 分别表示年份和国家固定效应。α 为常数项，u_{ijt} 代表随机误差项。

二、变量的解释说明

（一）出口三元边际（Y）

本章参考胡梅尔斯和克莱诺（2005）的分解方法，将高技术产品①出口贸易份额（R）分解为扩展边际（EM）和集约边际（IM）②，进而将集约边际分解为数量边际（Q）和价格边际（P）。③高技术产品出口的扩展边际指出口产品种类的多样性，采用世界与中国对伙伴国出口的相同产品贸易额占世界总贸易额的比重衡量。集约边际则是指出口产品数量上的扩张，用相同产品出口下中国出口占世界总出口的比重衡量。数量边际和价格边际分别用来衡量高技术产品出口的数量和价格。

（二）经济政策不确定性（EPU）

参考巴克尔等（2016）中构建的经济政策不确定性指数④，采用算术平均法将中国经济政策不确定性指数月度数据转为年度数据。考虑到内生性问题，将 EPU 滞后一期纳入模型。

（三）控制变量（Z）

模型中加入了可能影响高技术产品出口贸易的控制变量，具体包括：

（1）经济规模（GDP）。中国和伙伴国的经济规模分别用来反映中国的供给能力和伙伴国的需求。一般来说，中国的经济规模越大越能促进高技术产品种类和数量的出口，规模经济会通过降低生产成本来降低出口价格。同时，在国外需求稳定的情况下，中国出

---

① 参照 OECD 标准（2011）中 ISIC Rev. 3 对高技术产品的分类，选择航空航天产品（353）、药品（2423）、办公、会计和计算机器（30）、广播、电视和通讯设备（32）、医疗、精密光学仪器（33）五类为高技术产品。

② 出口贸易份额（R）＝扩展边际（EM）×集约边际（IM），集约边际（IM）＝数量边际（Q）×价格边际（P）。

③ 具体计算公式的说明可参考刘瑶和丁妍（2015）。

④ 巴克尔等（2016）通过关键词法，搜索与经济政策不确定相关的词语在报纸上出现的频率。

口量越大，价格会降低。因此，预期中国的经济规模对高技术产品出口扩展边际和数量边际影响为正，对出口价格具有负向影响。伙伴国的经济规模越大，从中国进口高技术产品的需求也会越大，因而对中国高技术产品出口扩展边际、数量边际和价格边际的影响均为正向。本章参考魏浩和郭也（2016），采用伙伴国 GDP 与中国 GDP 之比表示的相对 GDP 来衡量经济规模。各国 GDP 均采用 2010 年不变价美元表示。

（2）地理距离（*Dist*）。地理距离用来表示中国和伙伴国贸易的可变成本。通常，国家间的地理距离越远，交易成本越高，贸易的可能性越小。因此，地理距离与出口扩展边际和数量边际间呈负向关系，与出口价格边际呈正向关系。

（3）经济自由度（*Free*）。经济自由度采用美国传统基金会公布的经济自由指数①，可以用来衡量贸易的固定成本，二者呈反向关系，即经济自由度越高，固定成本越低。因此，预期经济自由度正向影响出口扩展边际和数量边际，正向影响价格边际。

（4）研发能力（*RD*）。考虑到研究对象是高技术产品，高技术产品出口与企业研发能力具有密切关系。企业增加对高技术产品的研发投入，有利于企业产品种类的创新，提高产品出口扩展边际；企业通过研发创新掌握技术后便可以大规模生产，促进出口数量的增加；研发投入不仅会增加产品成本，还会提升产品质量，因此预期高技术产品出口价格边际将上升。

（5）是否签订自由贸易协定（*FTA*）。如果中国和伙伴国间签

---

① 传统基金会基于产权、司法效力、政府诚信、税收负担、政府支出、财政健康、商业自由、劳动自由、货币自由、贸易自由、投资自由和金融自由 12 项因素度量主要国家的经济自由度指数。

订了自由贸易协定，则 $FTA = 1$；反之，$FTA = 0$。两国间签订自由贸易，降低两国贸易政策的不确定性，从而对出口扩展边际和数量边际产生积极影响，出口价格边际则下降。具体的变量解释说明及变量描述性统计见表 4 - 1、表 4 - 2。

表 4 - 1 变量的解释说明

变量类型	变量名称	变量符号	变量测度
被解释变量	扩展边际	EM	世界与中国对伙伴国出口的相同产品贸易额占世界总贸易额的比重
	集约边际	IM	在相同商品出口中，中国出口占世界总出口的比重
	价格边际	P	中国高技术产品出口的价格边际
	数量边际	Q	中国高技术产品出口的数量边际
解释变量	经济政策不确定性	$\ln EPU$	斯坦福大学与芝加哥大学发布的 EPU 指数
控制变量	经济规模	GDP	伙伴国 GDP 和中国 GDP 之比衡量的相对经济规模
	地理距离	$\ln Dist$	中国与伙伴国首都之间的距离
	中国经济自由度	$\ln Freei$	Index of Economic Freedom
	伙伴国经济自由度	$\ln Freej$	Index of Economic Freedom
	研发能力	RD	高技术行业研发支出与主营业务收入之比
	是否签订自由贸易协定	FTA	两国签订自由贸易协定，$FTA = 1$；否则，$FTA = 0$

表 4 - 2 变量的描述性统计

变量	样本数	均值	标准差	中位数	最小值	最大值
R	496	0.122	0.122	0.090	0.007	0.952
EM	496	0.857	0.120	0.899	0.2038	0.987

续表

变量	样本数	均值	标准差	中位数	最小值	最大值
IM	496	0.140	0.133	0.107	0.013	0.976
P	496	0.726	0.410	0.691	0.069	8.052
Q	496	0.185	0.134	0.153	0.008	0.742
$\ln EPUi$	496	4.913	0.508	4.820	4.174	5.899
GDP	496	0.295	0.581	0.112	0.006	4.940
$\ln Dist$	496	8.860	0.649	8.966	6.862	9.868
$\ln Freei$	496	3.965	0.026	3.962	3.932	4.050
$\ln Freej$	496	4.217	0.140	4.214	3.780	4.501
RDi	496	1.323	0.204	1.299	1.049	1.659
FTA	496	0.147	0.355	0	0	1

三、样本选择和数据来源

本章选择 2002~2017 年中国高技术产品①出口为研究对象，根据联合国提供的 ISIC Rev. 3 和 SITC Rev. 3 转换表，整理得出 SITC Rev. 3 五分位商品编码，通过 UN Comtrade 数据库选取 SITC Rev. 3 五分位高技术产品的出口贸易数据。文章重点考察中国对 31 个贸易伙伴国出口高技术产品的情况，这些样本国家（地区）分别是德国、意大利、美国、匈牙利、日本、加拿大、法国、比利时、英国、巴基斯坦、卢森堡、俄罗斯、巴西、墨西哥、智利、沙特阿拉伯、韩国、新加坡、马来西亚、中国香港、捷克共和国、哥伦比

---

① 参照 OECD 标准（2011）中 ISIC Rev. 3 对高技术产品的分类，选择航空航天产品（353）、药品（2423）、办公、会计和计算机器（30）、广播、电视和通信设备（32）、医疗、精密光学仪器（33）五类为高技术产品。

亚、俄罗斯、荷兰、土耳其、波兰、西班牙、斯洛伐克、泰国、南非、澳大利亚。2017年，中国对这31个国家出口高技术产品的总贸易额占中国对世界出口高技术产品总额的85.05%[①]，在统计意义上足够具有代表性。

经济政策不确定性指标的数据来自 Economic Policy Uncertainty 网站。中国和伙伴国的经济规模、人口规模数据均来自世界银行 WDI 数据库。中国和伙伴国的经济自由度数据来自美国传统基金会公布的经济自由指数。中国高技术产业研发能力数据来自《中国高技术产业统计年鉴》。地理距离及是否签订自由贸易协定等数据来自 CEPII 数据库。

第五节　实证结果分析

一、基准模型分析

考虑到模型回归可能存在的内生性问题，本章在控制各模型年份和国家固定效应的基础上研究了中国经济政策不确定性对高技术产品出口三元边际的影响，具体分析如下：

表4-3中模型1~模型5分别展示了中国经济政策不确定性对高技术产品出口市场份额、扩展边际、集约边际、价格边际和数量边际的影响。从回归结果可以看出，中国经济政策不确定性与高技

---

① 数据根据 UN Comtrade 数据库计算所得。

术产品出口市场份额之间呈显著负向关系，经济政策不确定性的增加不利于高技术产品出口市场份额的扩张。比较模型 2 和模型 3 可知，中国经济政策不确定性对高技术产品出口的抑制作用主要表现为扩展边际的下降，即出口种类的减少，与格林兰德等（2014）的结论一致。进一步将集约边际分解为价格边际（模型 4）和数量边际（模型 5），由结果可知，经济政策不确定性与出口价格边际的积极作用通过了 1% 的显著性检验，且其对出口数量的抑制作用也在 1% 的水平上显著。经济政策不确定性提高了高技术产品的出口价格，同时缩减了出口数量，这可能是因为经济政策的不确定性提高了企业出口沉没成本以及投资风险，企业选择减少产量和出口。当国内减少的供给大于国外降低的需求时，出口价格将会被抬高。

表 4 - 3　　中国经济政策不确定性对高技术产品出口三元边际的影响

自变量	R	EM	IM	P	Q
	模型 1	模型 2	模型 3	模型 4	模型 5
L. lnEPUi	- 0. 046 ** (0. 018)	- 0. 169 *** (0. 013)	- 0. 014 (0. 017)	0. 239 *** (0. 045)	- 0. 070 *** (0. 015)
GDP	0. 032 (0. 021)	0. 033 ** (0. 016)	0. 036 (0. 024)	0. 280 *** (0. 062)	0. 019 (0. 023)
lnDist	0. 039 (0. 131)	0. 020 (0. 109)	0. 065 (0. 141)	1. 054 *** (0. 319)	- 0. 098 (0. 132)
lnFreei	0. 372 *** (0. 111)	2. 023 *** (0. 158)	- 0. 100 (0. 113)	- 0. 649 (0. 396)	0. 296 * (0. 161)
lnFreej	- 0. 117 (0. 119)	- 0. 044 (0. 098)	- 0. 126 (0. 125)	- 0. 198 (0. 394)	- 0. 203 * (0. 117)
RDi	0. 281 *** (0. 046)	0. 185 *** (0. 034)	0. 299 *** (0. 053)	0. 348 *** (0. 117)	0. 358 *** (0. 048)

续表

自变量	R	EM	IM	P	Q
	模型1	模型2	模型3	模型4	模型5
FTA	−0.006 (0.031)	−0.024 (0.018)	−0.007 (0.033)	−0.102 * (0.056)	0.034 * (0.019)
Cons	−1.441 (1.615)	−6.604 *** (1.391)	0.048 (1.689)	−8.086 * (4.455)	0.651 (1.769)
Country FE	Yes	Yes	Yes	Yes	Yes
Year FE	Yes	Yes	Yes	Yes	Yes
N	465	465	465	465	465
R^2	0.6111	0.842	0.635	0.200	0.808

注：括号内为聚类到国家层面的稳健标准误，***、** 和 * 分别表示在1%、5% 和10% 水平上显著，在所有回归中加入年份和国家层面虚拟变量。

从控制变量的回归结果来看，相对经济规模的增加对中国高技术产品出口扩展边际和价格边际起到积极的促进作用。地理距离对出口价格边际有显著正向影响，但对扩展边际和数量边际的影响并不明显，说明高技术产品出口种类和数量不受距离的影响，这可能是因为高技术产品自身的特性使得国外市场对这类产品的需求并不受地域的影响。中国经济自由度有利于高技术产品出口市场份额、出口种类和价格的增加，而伙伴国经济自由度的增加会降低中国出口数量，这可能是因为进口国国内良好的社会环境和自由的发展环境使得进口国有能力自主研发出所需的高技术产品，或者有利于进口国从更多其他国家进口高技术产品，从而减少了从中国的进口。研发能力在五个模型中均表现出显著的正向影响，研发能力越强越有利于高技术产品出口扩展边际、数量边际和价格边际的增加，这是因为研发能力直接影响了新产品的研制，促进了产品多样化，掌握新型技术的产品更容易大规模生产，从而增加出口数量。另外，研发投入的加大提高了产品成本，因而价格提高。签订自由贸易协定降低了贸易壁垒，有助于降低中国出口高技术产品的价格，同时促进出口数量的增加。

综合以上分析，本章认为，中国经济政策不确定性对高技术产品出口市场份额起到抑制作用，这一抑制作用主要表现为高技术产品出口扩展边际和数量边际的下降。中国经济政策不确定性对出口集约边际的影响并不显著，对出口价格边际具有显著的促进作用。

二、分类回归结果分析

（一）高收入和中等收入国家（地区）

为识别出经济政策不确定性对中国向不同类型伙伴国（地区）出口高技术产品的具体影响，本章按照世界银行的分类，将伙伴国划分为高收入国家（地区）和中等收入国家（地区）①，回归结果见表4-4。表4-4中模型1～模型4是经济政策不确定性对中国出口高技术产品到高收入国家（地区）的回归结果。经济政策不确定性对高技术产品出口的影响同上文结论一致，中国经济政策不确定性显著抑制了出口市场份额、扩展边际和数量边际，对价格边际的提升有促进作用。模型5～模型8是目的地为中等收入国家（地区）的结果，中国的经济政策不确定性对出口到这类国家的产品种

---

① 将阿根廷、澳大利亚、比利时、加拿大、智利、捷克共和国、德国、西班牙、法国、英国、中国香港、匈牙利、意大利、日本、韩国、卢森堡、荷兰、波兰、沙特阿拉伯、斯洛伐克共和国、美国确定为高收入国家（地区），其余10个国家，巴西、哥伦比亚、墨西哥、马来西亚、巴基斯坦、菲律宾、俄罗斯、泰国、土耳其、南非确定为中等收入国家。

表 4-4　中国经济政策不确定性对高技术产品出口的影响（按收入水平分组）

自变量	R 模型 1	EM 模型 2	P 模型 3	Q 模型 4	R 模型 5	EM 模型 6	P 模型 7	Q 模型 8
		X = 高收入国家（地区）				X = 中等收入国家（地区）		
$L.\ln EPU_i$	-0.053** (0.024)	-0.177*** (0.017)	0.261*** (0.057)	-0.077*** (0.020)	-0.024 (0.021)	-0.151*** (0.017)	0.191** (0.078)	-0.055** (0.022)
GDP	0.028 (0.022)	0.032* (0.018)	0.306*** (0.071)	0.006 (0.022)	0.551 (0.304)	0.019 (0.175)	0.583 (0.732)	0.097 (0.268)
$\ln Dist$	0.104 (0.166)	0.058 (0.143)	1.068** (0.457)	-0.200 (0.163)	-0.092 (0.082)	-0.010 (0.043)	-0.126 (0.199)	0.084 (0.072)
$\ln Free_i$	0.378** (0.142)	2.085*** (0.199)	-0.0396 (0.459)	0.207** (0.202)	0.271 (0.185)	1.878*** (0.287)	-1.346 (0.834)	0.524 (0.300)
$\ln Free_j$	-0.012 (0.166)	0.010 (0.147)	-0.337 (0.603)	-0.250 (0.180)	-0.344 (0.259)	-0.124 (0.110)	0.186 (0.485)	-0.282* (0.132)
RD_i	0.256*** (0.060)	0.179*** (0.044)	0.429** (0.155)	0.317*** (0.062)	0.455*** (0.120)	0.192** (0.076)	0.194 (0.267)	0.475*** (0.097)
FTA	0.018 (0.031)	-0.025 (0.026)	-0.044 (0.038)	0.037 (0.032)	-0.048 (0.060)	-0.019 (0.027)	-0.109 (0.059)	0.006 (0.024)

续表

自变量	R	EM	P	Q	R	EM	P	Q
	模型 1	模型 2	模型 3（地区）	模型 4	模型 5	模型 6	模型 7（地区）	模型 8
		X = 高收入国家				X = 中等收入国家		
Cons	−2.440 (2.200)	−7.387*** (1.914)	−8.925 (6.666)	2.278 (2.385)	0.642 (1.650)	−5.494*** (1.324)	5.024 (4.728)	−1.896 (1.570)
Country FE	Yes	Yes	Yes	Yes	Yes	Yes	Yes	Yes
Year FE	Yes	Yes	Yes	Yes	Yes	Yes	Yes	Yes
N	330	330	330	330	135	135	135	135
R²	0.739	0.832	0.198	0.801	0.366	0.888	0.595	0.891

注：括号内为聚类到国家层面的稳健标准误，***、 ** 和 * 分别表示在 1%、 5% 和 10% 水平上显著，在所有回归中加入年份和国家层面虚拟变量。

类和数量同样具有显著的抑制作用，对出口价格具有正向影响，但对总体出口市场份额的影响并不明显。比较两组不同类型的目的国（地区）可发现，相比中等收入国家，中国对高收入国家（地区）的出口受国内经济政策不确定性的影响更显著也更强烈。究其原因，可能是因为中等收入国家对中国的高技术产品具有更强的依赖性，高技术产品技术含量高、研发周期长等特点使得进口国短时间难以生产出类似的产品，在不确定的环境下对急需的高技术产品进口需求并不会有较大波动。并且，中等收入国家的消费能力弱于高收入国家，对高技术产品的需求也会少于高收入国家，因此经济政策的不确定性对中等收入国家的影响较小。

（二）金融危机

2002～2007年，经济政策不确定性指数仅在200以内小幅波动，2008年金融危机之后，经济政策不确定性指数明显增加，且呈不断提高的趋势。为检验金融危机对于本章研究结论的影响，参考格林兰德等（2014）、刘竹青和佟家栋（2018），以2008年金融危机为界，将样本划分为金融危机前（2002～2007年）和金融危机后（2008～2017年）两组样本，回归结果见表4-5。比较模型1和模型5可知，金融危机前，经济政策不确定性对高技术产品出口份额的影响呈现出强烈的抑制作用，金融危机之后，这一影响稍微减弱。比较出口分解后的结果可知，金融危机后，中国经济政策不确定性对高技术产品出口扩展边际的影响转为抑制作用，通过1%的显著性检验，并且其对价格边际的正向提升作用也是在金融危机之后表现出来，这说明金融危机的爆发加剧了经济政策不确定性对高技术产品出口种类和出口价格的影响。

表 4 - 5　中国经济政策不确定性对高技术产品出口的影响（按 2008 年金融危机分组）

自变量	金融危机之前				金融危机之后			
	R	EM	P	Q	R	EM	P	Q
	模型 1	模型 2	模型 3	模型 4	模型 5	模型 6	模型 7	模型 8
$L.\mathrm{ln}EPUi$	-0.057** (0.025)	0.154*** (0.037)	-0.163 (0.107)	-0.101*** (0.028)	-0.045** (0.019)	-0.173*** (0.014)	0.245*** (0.047)	-0.069*** (0.020)
GDP	0.029 (0.030)	0.011 (0.043)	0.484*** (1.161)	0.011 (0.030)	0.027 (0.040)	0.056* (0.030)	-0.097 (0.128)	0.026 (0.048)
$\mathrm{ln}Dist$	0.114 (0.218)	-0.088 (0.539)	2.995** (1.278)	0.050 (0.271)	0.070 (0.138)	0.173 (0.105)	-0.187 (0.599)	-0.167 (0.235)
$\mathrm{ln}Freei$	1.350 (0.919)	7.027*** (0.762)	1.321 (1.539)	-1.454** (0.618)	0.394*** (0.107)	1.863*** (0.133)	-0.240 (0.374)	0.353** (0.167)
$\mathrm{ln}Freej$	-0.001 (0.143)	0.043 (0.400)	0.324 (0.491)	0.076 (0.166)	-0.049 (0.108)	0.022 (0.094)	0.135 (0.469)	-0.322* (0.187)
RDi	-0.131 (1.789)	2.196*** (0.477)	-1.420 (1.349)	-0.663* (0.355)	0.233*** (0.061)	0.431*** (0.048)	-0.325*** (0.116)	0.285*** (0.084)
FTA	-0.022 (0.017)	0.027 (0.030)	0.014 (0.044)	-0.031** (0.015)	0.005 (0.019)	-0.004 (0.016)	-0.073 (0.049)	0.019 (0.023)

续表

自变量	R 模型 1	EM 模型 2	P 模型 3	Q 模型 4	R 模型 5	EM 模型 6	P 模型 7	Q 模型 8
		金融危机之前				金融危机之后		
Cons	−6.031 (5.780)	−29.493*** (6.505)	−33.185*** (10.350)	6.254 (2.506)	−2.026 (1.476)	−8.091*** (1.383)	2.242 (7.409)	1.689 (2.921)
All Controls	Yes	Yes	Yes	Yes	Yes	Yes	Yes	Yes
N	155	155	155	155	310	310	310	310
R²	0.425	0.838	0.484	0.841	0.757	0.879	0.215	0.826

注：括号内为聚类到国家层面的稳健标准误，***、** 和 * 分别表示在 1%、5% 和 10% 水平上显著，All Controls 包括控制年份和国家层面的虚拟变量。

三、稳健性检验

（一）内生性问题

上文实证回归中控制了年份和国家固定效应，一定程度上能够避免遗漏变量产生的内生性问题。将经济政策不确定性指标滞后一期，能够有效避免经济政策不确定性和出口之间可能存在的反向关系。

1. 动态面板分析

由于惯性，当期出口可能受之前出口行为的影响，在解释变量中加入被解释变量的滞后项作动态面板分析，能够考察出口的动态行为。由表4-6的模型1~模型4可看出，中国的经济政策不确定性对高技术产品出口的市场份额、扩展边际、数量边际仍具有显著抑制作用，对出口价格边际有正向提升作用，分类讨论的结果同样与前文结论一致。

2. 工具变量法

参考顾夏铭等（2018），采用美国经济政策不确定性作为中国经济政策不确定性的工具变量，运用两阶段最小二乘法（2SLS）再次对上文回归结果进行验证。由表4-6中模型5~模型8可知，经济政策不确定性对出口总额、扩展边际和数量边际的影响依然为负显著，对价格边际的影响显著为正，与前文结论一致。

（二）经济政策不确定性指标的重新衡量

考虑到模型中其他变量均为年度数据，因此需要将经济政策不确定性指数月度数据转换为年度数据。上文采用的是算术平均值的方法，参考顾夏铭等（2018），稳健性检验中尝试将经济政策不确定性月度指标改用几何平均方法换算成年度指标。从表4-7前四个模型的回归结

表 4-6   稳健性检验

自变量	模型 1 R	模型 2 EM	模型 3 P	模型 4 Q	模型 5 R	模型 6 EM	模型 7 P	模型 8 Q
	动态面板回归（GMM）				两阶段最小二乘法（2SLS）			
$L.Y$	0.055 (0.077)	0.227*** (0.040)	0.009 (0.025)	0.340** (0.144)				
$L.\ln EPUi$	-0.050** (0.022)	-0.198*** (0.016)	0.240*** (0.046)	-0.111*** (0.019)	-0.046* (0.025)	-0.169*** (0.015)	0.239*** (0.066)	-0.070** (0.030)
GDP	0.030 (0.020)	0.022* (0.011)	0.278*** (0.065)	0.011 (0.015)	0.032*** (0.010)	0.033*** (0.009)	0.280* (0.167)	0.019 (0.014)
$\ln Dist$	0.035 (0.124)	0.007 (0.078)	1.046*** (0.319)	-0.076 (0.096)	0.039 (0.090)	0.020 (0.067)	1.054* (0.632)	-0.098 (0.072)
$\ln Freei$	0.421** (0.160)	2.458*** (0.202)	-0.666 (0.398)	0.758** (0.314)	0.372* (0.211)	2.023*** (0.171)	-0.649 (0.779)	0.296 (0.291)
$\ln Freej$	-0.112 (0.114)	-0.036 (0.078)	-0.195 (0.395)	-0.147 (0.091)	-0.117 (0.097)	-0.044 (0.066)	-0.198 (0.292)	-0.203*** (0.061)
RDi	0.268*** (0.045)	0.158*** (0.024)	0.343*** (0.124)	0.268*** (0.058)	0.281*** (0.032)	0.185*** (0.027)	0.348*** (0.128)	0.358*** (0.033)

续表

自变量	R 模型 1	EM 模型 2	P 模型 3	Q 模型 4	R 模型 5	EM 模型 6	P 模型 7	Q 模型 8
		动态面板回归（GMM）				两阶段最小二乘法（2SLS）		
FTA	-0.005 (0.030)	-0.014 (0.012)	-0.102* (0.056)	0.024* (0.014)	-0.006 (0.024)	-0.024* (0.013)	-0.102* (0.057)	0.034*** (0.012)
Cons	-1.589 (1.585)	-8.237*** (1.290)	-7.957* (4.411)	-1.352 (1.916)	-1.441 (1.413)	-6.604*** (1.022)	-8.086 (6.983)	0.651 (1.344)
All Controls	Yes	Yes	Yes	Yes	Yes	Yes	Yes	Yes
N	465	465	465	465	465	465	465	465
R^2	0.612	0.852	0.200	0.827	0.611	0.842	0.200	0.808

注：括号内为聚类稳健 t 统计量，***、** 和 * 分别表示在 1%、5% 和 10% 水平上显著，在所有回归中加入年份和国家层面虚拟变量。

表 4－7　　稳健性检验

自变量	R 模型 1	EM 模型 2	P 模型 3	Q 模型 4	R 模型 5	EM 模型 6	P 模型 7	Q 模型 8
	几何平均法				winsorize 删除极端值			
L. lnEPUi	-0.050** (0.020)	-0.183*** (0.014)	0.259*** (0.049)	-0.076*** (0.016)	-0.042** (0.017)	-0.169*** (0.013)	0.239*** (0.045)	-0.067*** (0.015)
GDP	0.032 (0.021)	0.033** (0.016)	0.280*** (0.062)	0.019 (0.023)	0.044 (0.026)	0.045** (0.020)	0.140*** (0.046)	0.030 (0.031)
lnDist	0.039 (0.131)	0.020 (0.109)	1.054*** (0.319)	-0.098 (0.132)	0.089 (0.131)	0.068 (0.122)	0.664** (0.303)	-0.044 (0.157)
lnFreei	0.427*** (0.126)	2.229*** (0.172)	-0.939 (0.411)	0.382** (0.162)	0.346*** (0.109)	2.012*** (0.157)	-0.614 (0.388)	0.256 (0.160)
lnFreej	-0.117 (0.119)	-0.044 (0.098)	-0.198 (0.394)	-0.203* (0.117)	-0.121 (0.102)	-0.046 (0.106)	0.046 (0.303)	-0.204 (0.128)
RDi	0.282*** (0.046)	0.188*** (0.034)	0.344*** (0.117)	0.359*** (0.048)	0.279*** (0.044)	0.190*** (0.035)	0.256*** (0.088)	0.360*** (0.048)
FTA	-0.006 (0.031)	-0.024 (0.018)	-0.102* (0.056)	0.034* (0.019)	0.002 (0.024)	-0.026 (0.018)	-0.109*** (0.039)	0.033 (0.019)

续表

自变量	R	EM	P	Q	R	EM	P	Q
	模型 1	模型 2	模型 3	模型 4	模型 5	模型 6	模型 7	模型 8
		几何平均法				winsorize 删除极端值		
Cons	-1.648 (1.626)	-7.368*** (1.410)	-7.007 (4.460)	0.334 (1.783)	-1.822 (1.489)	-7.033*** (1.508)	-5.174 (4.163)	0.264 (1.944)
All Controls	Yes	Yes	Yes	Yes	Yes	Yes	Yes	Yes
N	465	465	465	465	465	465	465	465
R^2	0.611	0.842	0.200	0.808	0.735	0.838	0.547	0.808

注：括号内为聚类稳健 t 统计量，***、** 和 * 分别表示在 1%、5% 和 10% 水平上显著，All Controls 包括控制年份、国家层面虚拟变量。

果可以看出，在更换指标计算方法后，中国经济政策不确定性对高技术产品出口总额、扩展边际、价格边际和数量边际仍具有同上文一致的显著影响，可证明研究结论的稳健性。

（三）处理极端值

参考李凤羽和杨墨竹（2015），对变量处于 1% 和 99% 分位上的数据进行 winsorize 处理，降低变量极端值对模型回归结果的影响。通过表 4-7 中模型 5~模型 8 可知，删除变量极端值后，中国经济政策不确定性对高技术产品出口边际的影响方向和强度仍然与上文保持一致。

第六节　结论及政策建议

本章利用 2002~2018 年中国对 31 个伙伴国（地区）出口高技术产品的贸易数据以及巴克尔等（2016）提出的经济政策不确定性指数，通过扩展的引力模型研究经济政策不确定性对中国高技术产品出口扩展边际、数量边际和价格边际的影响。研究发现：经济政策不确定性显著抑制了高技术产品的出口扩展边际和数量边际，对价格边际具有积极影响。进一步将样本国家划分为发达国家和发展中国家，发现经济政策不确定性对扩展边际和数量边际的抑制作用以及对价格边际的提升作用主要表现在中国对发达国家（地区）的出口。最后，考虑 2008 年金融危机的影响，发现国际金融危机之后经济政策不确定性对高技术产品出口扩展边际和价格边际的影响更加强烈。基于上述研究结论，本章从科技创新和国际经贸合作方面提出如下政策建议。

第一，稳定国内经济政策。政府应该提高经济政策的预见性和决策程序的透明，合理选择政策工具，科学进行宏观调控。政府在出台政策刺激经济时应考虑频繁的政策变动对企业创新的冲击，尽量保持政策的一致性和连贯性，为企业发展营造良好的经济环境。

第二，强化技术创新，提高出口品质量。即使经济政策的变动难以预测，企业自身也可以努力学习新技术，通过技术进步有效应对不确定性。国家和企业应加大技术研发方面的投入力度，制定完善的人才引进和培养计划，建立高效的知识产权保护机制，加速推进科研成果产业化，实现企业自主创新能力的提高，在增强核心竞争力的同时为经济增长注入持久新动力。

第三，继续支持自由贸易，推动和深化国际经贸合作。目前，中国已经同 24 个国家或地区签订了自由贸易协定，还有部分自贸区处于谈判和研究状态。自贸区的建立不仅为国内企业出口提供便利、为国际市场的开拓创造空间，还有助于营造稳定的贸易环境。今后，中国政府还应继续推进与有意愿的国家开展自贸区谈判，积极推动区域全面经济伙伴关系协定的谈判。"一带一路"建设所具有的开放、包容、均衡和共赢的理念在国际经济合作中发挥着重要作用，有利于降低世界经济面临的不确定性。因此，中国应继续深化与"一带一路"共建国家的交流合作，既包括经济合作也包括文化交流。

第五章 数字经济发展与高技术企业出口

　　本章利用 2000~2007 年工企和海关匹配数据，采用双向固定效应研究数字经济发展对企业出口三元边际的影响效应及作用机制。研究结果发现：（1）数字经济发展对企业出口具有明显的促进作用，主要表现在促进出口扩展边际的提升，即出口市场多元化；（2）数字经济发展主要通过降低交易成本、技术创新以及扩大生产规模等渠道推动高技术企业出口发展；（3）异质性结果表明，数字经济发展更有利于推动加工贸易企业、非国有企业、本土企业、科技创新型企业以及东部地区企业参与出口市场以及出口集约边际的增长，对于一般贸易企业、应用互动型企业以及中西部地区企业的出口扩展边际促进作用更大；（4）进一步研究发现，在不确定贸易环境下，数字经济发展能够对企业出口起到显著的促进作用，有效应对不确定性对出口的冲击。

第一节 引　言

　　习近平总书记在《不断做优做大我国数字经济》中指出，发展数字经济是把握新一轮科技革命和产业变革新机遇的战略选择。党的二十大报告也提出要加快发展数字经济，促进数字经济和实体经济深度融合。《数字中国发展报告（2022年）》显示，2022年，我国数字经济规模达到50.2万亿元，数字经济占GDP的比重从2002年的10%增长到2022年的41.5%。数字经济在支持抗击新冠疫情和恢复生产生活方面发挥了重要作用，对于构建新发展格局、建设现代化经济体系以及构筑国家竞争新优势都具有重要意义。

2022年我国出口总额高达23.97万亿元，即使在新冠疫情暴发后，我国出口规模和增长速度并未受到负面影响。在当前外部环境恶化的情况下，出口是企业摆脱增长困境的主要突破口。学术界关于出口边际的研究很多，如胡梅尔斯和克莱诺（2005）、梅利茨（2003）和施炳展（2010）分别分析了出口增长的二元边际和三元边际，也有研究基础设施（盛丹等，2011）、贸易壁垒（王孝松等，2014）、政府补贴（张杰和郑文平，2015）、知识产权保护（余长林，2015）等因素对出口边际的影响。但是鲜有研究企业出口三元边际，尤其是缺乏关于数字经济发展如何影响企业出口三元边际的文章。

我国出口快速增长之时，数字经济也在迅速发展，那么数字经济发展是不是驱动出口增长的重要原因？数字经济发展通过何种渠道促进企业出口？二者间的关系是否会受当前不确定贸易环境的影响？基于此，本章试图以互联网普及率测度数字经济发展水平，利用2000~2007年中国工企海关数据研究数字经济发展对高技术企业出口的影响，并深入挖掘这一影响的作用机制。研究结果表明：数字经济发展对高技术企业参与出口市场、扩展边际及集约边际提升均具有显著的促进作用，主要通过降低交易成本、技术创新和扩大生产规模影响高技术企业出口三元边际。

与已有文献相比，本章可能的边际贡献主要体现在三个方面：第一，已有研究主要关注数字经济对创新、出口总量和质量的影响，鲜有文献关注数字经济发展与出口边际间的关系，本章则系统考察了数字经济发展对企业出口边际的影响，在一定程度上丰富拓展了关于数字经济的研究。第二，对于理解出口增长背后的驱动因素具有一定贡献。从数字经济发展的角度深入研究出口各维度增长，为出口快速增长提供了合理解释。同时，检验了数字经济发展影响企业出口三元边际的作用机制，并从多个维度考察了数字经济发展对出口边际的异质性影响，有助于深化对数字经济与出口之间内在关系的认识。第三，进一步研究了不确定贸易环境的调节作用，探讨数字经济的影响效果是否会受不确定性的影响，一定程度上充实了关于不确定性的研究。

第二节　文献综述

已有关于数字经济的研究主要集中在对创新、碳排放、全要素生产率和全球价值链等的影响。数字经济发展对企业创新具有显著促进作用。韩先锋等（2019）构建了省际互联网综合发展水平指数，发现互联网发展能够显著提升中国区域创新效率水平。申明浩等（2022）的研究认为数字经济发展能够有效提升企业内部创新和合作创新的绩效。李江和吴玉鸣（2023）发现数字经济能够促进企业自主创新和模仿创新。数字经济发展有助于减少城市碳排放（缪陆军等，2022），改善城市空气质量（郭炳南等，2022）。罗艳菊等（2024）选择旅游业进行研究，认为数字经济发展能够提高旅游业的碳排放效应。万晓榆和罗焱卿（2022）研究发现，数字经济发展对区域全要素生产率有积极影响。张微微等（2023）的研究也证实数字经济发展促进了全要素生产率的提高，并检验了这一影响具有空间溢出效应。李诚浩和任保平（2024）的研究表明数字经济能够通过提高全要素生产率赋能高质量发展。龚新蜀和杜江（2024）考察了数字经济对企业绿色全要素生产率的影响，发现数字经济对重污染企业的绿色全要素生产率具有明显的提升作用。黄群慧等（2019）的研究表明，互联网发展能够显著提升制造业生产力，这一影响主要通过降低交易成本、减少资源错配及促进创新实现。此外，还有学者研究了数字经济与全球价值链嵌入和升级间的关系。张艳萍等（2021）认为数字经济对中国制造业全球价值链广度和高度均产生了促进作用。孙黎和许唯聪（2021）的研究表明数字经济在地区全球价值链空间外溢效应中发挥着重要作用，数字经济发展有利于地区全球价值链嵌入在地区内和地区间空间外溢效应的发挥。张天硕等（2024）认为数字化水平的提高对全球价值链网络前向、后向中心度的提升都具有促进作用。邹靖（2024）实证检验了数字经济能够促进全球价值链位势攀升。

与本研究相关的一类文献是关于数字经济对贸易的影响。这类研究的主要观点是数字经济能够促进国际贸易，如王瀚迪和袁逸铭（2022）的研究证实数字经济正向作用于企业出口产品质量。袁瀚坤和韩民春（2023）同样认为数字经济发展能够提升出口产品质量。张春媛等（2024）认为数字经济发展能够通过创新促进效应提高企业出口产品质量。余姗等（2021）分析得到数字经济发展显著提高了制造业出口技术复杂度的结论。潘爽等（2024）采用中国地级市面板数据同样证实了这一结论。范鑫（2021）的研究验证了数字经济发展对出口效率产生积极影响。段小梅和陈罗旭（2021）通过空间杜宾模型分析了数字经济发展对出口竞争力产生正向溢出效应。覃朝勇和朱帮助（2023）的研究表明数字经济能够提升中国——东盟国家的低碳贸易竞争力。邓宗兵等（2024）探讨了数字经济对外贸韧性的影响，研究发现数字经济有利于增强城市外贸韧性，且对城市进口韧性的促进作用大于对出口韧性的影响。苏杭和卢笑同（2023）的研究证实数字经济有助于提升城市出口韧性。李宏兵等（2024）也实证检验了数字经济发展对城市出口韧性的影响，发现数字经济发展对出口韧性抵抗性和恢复性均具有明显促进作用。可以看到，已有文献主要关注的是数字经济对出口规模、出口产品质量、出口技术复杂度、出口效率、出口竞争力等方面的影响，缺乏关于出口增长来源的具体研究。

与本章最相关的是施炳展（2016）的研究，该研究依据双边双向网址链接数量分析互联网对出口的影响，且进一步分析了互联网对贸易的促进作用主要是通过扩展边际和集约边际途径，为本章提供了坚实的研究基础。[17]本章主要在以下几个方面进行拓展：首先，是利用工企和海关匹配数据深入探讨了数字经济发展影响企业不同出口增长来源的渠道；其次，是分类考察了数字经济发展对不同性质高技术企业出口的影响差异，对比分析数字经济发展的作用效果；最后，文章立足现实，进一步研究数字经济能否有效应对不确定贸易环境对高技术企业出口的影响，以期提出更具针对性的政策建议。

第三节　理论机制与研究假设

一、数字经济发展与企业进入边际

企业进入国际市场，需要支付出口的固定成本（韩剑和陈艳，2014）。数字经济可以通过降低进入成本影响企业进入边际（Freund & Weinhold，2004）。数字经济依托于互联网，能够有效突破地理空间限制，增加交易市场规模和不同地区间的贸易往来，有利于促进贸易规模增长（段小梅和陈罗旭，2021）。数字经济时代削弱了地理距离这一固定成本对贸易的阻碍，提高了企业出口意愿，尤其是为中小企业提供了出口的机遇（范鑫，2021）。除了固定成本，进行出口贸易还需考虑信息的搜索成本、匹配成本，以及与贸易伙伴的沟通成本，数字经济不仅使得数据可以自由流动，出口信息也能实现即时共享。成本的降低是数字经济影响企业出口的关键因素。数字经济改变了传统的出口模式，贸易环节的主要部分可以在线上完成，不仅节省了贸易时间，而且降低了出口成本。

基于此，提出假设 1：数字经济发展有利于促进企业参与出口市场。

二、数字经济发展与企业出口扩展边际

传统贸易模式下，距离作为固定成本是限制企业参与贸易的重

要影响因素（Broda et al.，2006），地理位置邻近的国家进行贸易的可能性更高。新兴的数字经济模式则打破了地理限制，减弱了地理距离对国际贸易的制约（盛斌，2021），这增加了企业出口到更远市场的意愿，从而增进企业与更多国家（地区）间的贸易往来，贸易机会增加致使企业出口扩展边际提升。更多新产业、新业态由数字经济衍生而来，涌现出新技术和新产品，拓展了企业出口产品的种类（杜传忠和管海锋，2021），出口种类多样能够满足更多国际市场的产品需求，有利于促进产品出口到更多市场，从而提升企业出口扩展边际。此外，数字经济有利于降低技术溢出成本、创新成本，拓宽技术溢出渠道（郭周明和裘莹，2020），数字经济带来的低成本和高效率使得企业有充足的时间和资金可以用于生产规模的扩大和研发投入，最终推动企业增加出口产品种类、开拓更多出口市场。

基于此，提出假设2：数字经济发展有利于促进企业出口扩展边际提升。

三、数字经济发展与企业出口集约边际

数字经济能够提高生产、创新活动的效率（Goldfarb & Tucker，2019），促进企业生产规模扩大，形成规模经济，降低生产成本。数字技术快速发展加强了要素资源的匹配效率，提高了出口效率（Bartelsman et al.，2013）。中小型出口企业依托数字化平台可获得与跨国公司一致的信息捕获渠道，消费者可以快速掌握出口企业信息，提高对中小企业的了解和认知。可见，数字经济便于企业捕捉消费者的偏好，设计出符合消费者需求的产品，从而增加国外市场

需求规模。数字经济降低了中间品和最终品的贸易成本（齐俊妍和任奕达，2021），导致产品出口价格下降，可通过价格优势实现企业出口规模的扩大。数字经济还能通过提高进口中间品质量和种类等间接提高出口产品质量（王瀚迪和袁逸铭，2022），出口产品获得更多国外消费者青睐，同样会促进国外市场对我国产品的需求，最终促进更大规模的产品出口。

基于此，提出假设3：数字经济发展有利于高技术企业出口集约边际的提升。

第四节　模型、方法与数据

一、模型与方法

为了准确地考察数字经济发展水平对高技术企业出口的影响，本章将基准模型设定如下：

$$\ln Y_{ft} = \alpha_0 + \alpha_1 digital_{ct} + \varphi_2 Z + \vartheta_{indus} + \vartheta_{year} + \varepsilon_{it} \qquad (5.1)$$

其中，Y_{ft}表示企业出口三元边际，$digital_{ct}$表示f企业所在地区c的数字经济发展水平，Z表示可能影响出口的控制变量集合，包括：企业规模（$size$）、企业年龄（age）、企业全要素生产率（tfp）、资本密集度（$clratio$）、融资约束（$finance$）、行业竞争（hhi）、工资水平（$wage$）。此外，基准回归模型中控制了行业固定效应与年份固定效应，ε_{it}为随机误差项。

二、变量的解释说明

（一）出口三元边际

借鉴杨连星等（2015）的研究，将企业出口三元边际作为被解释变量，主要包括进入边际（*entry margin*）、扩展边际（*extensive margin*）和集约边际（*intensive margin*）。进入边际以企业是否进入出口市场来衡量，进入出口市场的企业设定为 1，否则设为 0。采用动态分析法衡量扩展边际和集约边际，即以企业出口产品－国家对的数量度量扩展边际，以企业出口产品－国家对的实际出口额均值度量集约边际[①]。具体公式如下：

$$V_{ft} = \left(\sum_{n=1}^{k} \frac{p_{fn,\omega jt}}{\sum p_{fn,\omega jt}} exportvalue_{fn,\omega jt} \right) \times \left(\sum_{n=1}^{k} \frac{p_{fn,\omega jt}}{\sum p_{fn,\omega jt}} exportsum_{fn,\omega jt} \right)$$

$$(5.2)$$

其中，V_{ft} 是企业 f 第 t 年的出口总额，等式右边第一项为出口集约边际，第二项为出口扩展边际。$exportvalue_{fn,\omega jt}$ 指集约边际，意味着已出口企业出口数量的增长。$exportsum_{fn,\omega jt}$ 指扩展边际，意味着已出口企业在出口产品种类及出口市场方面的增长。n 指 f 企业在 t 年的产品－国家对数量，$p_{fn,\omega jt}$ 指 f 企业第 t 年不同产品－国家对的出口价格，下标 ω 和 j 分别表示产品和出口市场。

[①] 实际出口额均值是根据 2000 年为基期的各行业工业品出厂价格指数调整的实际值。

（二）数字经济发展水平

借鉴王瀚迪和袁逸铭（2022）的研究，运用互联网宽带接入用户数与城市人口之比所表示的互联网普及率（$digital$）衡量企业所处地级市的数字经济发展水平。此外，进一步参考赵涛等（2020）的研究，选取互联网普及率（百人中互联网宽带接入用户数）、相关从业人员情况（信息传输计算机服务和软件业从业人员占城镇单位从业人员比重）、相关产出情况（人均电信业务总量）、移动电话普及率（百人中移动电话用户数）以及数字普惠金融五个方面的指标，通过主成分分析得到衡量数字经济发展的综合指标，记为 $digital1$。

（三）控制变量

控制变量包括影响高技术企业出口的主要因素，如（1）企业规模（$size$）：采用企业资产总额的对数衡量；（2）企业年龄（age）：通过样本观测年度与企业成立时间之差表示；（3）企业全要素生产率（tfp）：采用 LP 方法估计；（4）资本密集度（$clratio$）：固定资产净值与员工年平均数之比；（5）企业融资约束（$finance$）：采用应收账款与企业资产之比衡量；（6）行业竞争（hhi）：采用赫芬达尔－赫希曼指数衡量，具体可通过将所有单个企业规模占总规模之比的平方加总得到，指数数值越低，表示行业竞争程度越高；（7）工资水平（$wage$）：采用应付工资与员工人数之比表示。变量的解释说明和描述性统计如表 5－1、表 5－2 所示。

表 5 – 1   变量的解释说明

变量类型	变量名称	变量符号	变量测度
被解释变量	进入边际（entry）	entry	企业进入出口市场，entry 取 1；否则，取 0
	扩展边际（EM）	EM	企业 f 产品 - 国家对的数量取对数
	集约边际（IM）	IM	企业 f 产品 - 国家对的实际平均出口额取对数
解释变量	数字经济发展（digital）	digital	选取五个指标通过主成分分析得到
	互联网普及率	internet	互联网宽带接入用户数与城市人口之比
控制变量	企业规模	size	企业总资产
	企业年龄	age	观测年度减企业成立年份
	融资约束	finance	应收账款/资产
	资本密集度	clratio	固定资产净值与员工年平均数之比
	全要素生产率	tfp	LP 方法
	市场竞争	hhi	赫芬达尔 - 赫希曼指数
	工资水平	wage	应付工资与员工人数之比

表 5 – 2   变量描述性统计

变量	样本量	均值	标准差	最小值	最大值
entry	37 204	0.8408	0.3669	0	1
EM	37 204	2.1498	1.3621	0	9.4017
IM	37 204	11.5979	1.9951	4.0254	19.8391
digital	31 721	0.1943	0.1385	0	0.5880
size	37 191	8.8865	1.5671	1.7152	16.1126
age	37 204	8.3463	7.7178	0	58
finance	37 191	0.2250	0.1778	– 1.3751	1.8630
clratio	33 510	– 2.9030	1.3400	– 12.3414	3.1774
tfp	33 505	7.9279	1.2722	1.6908	14.4998
hhi	37 204	0.0014	0.0067	0.0001	1
wage	33 612	2.7749	2.6262	0	131.5040

三、样本选择与数据来源

本章的实证研究主要基于中国工业企业数据库、中国海关进出口数据库、中国城市统计年鉴。对中国工业企业数据库作如下处理：剔除状态为非营业的企业，剔除从业人数少于 8 人的企业，剔除异常数据，剔除成立年份早于 1949 年且成立时间小于 0 的企业，只保留高技术企业。

第五节　实证结果与分析

一、基准回归结果

采用控制行业和年份固定效应的面板模型得到数字经济发展影响高技术企业出口的结果，如表 5 – 3 所示。从结果中可看出，数字经济发展对高技术企业出口起到有效促进作用。具体来看，数字经济发展有效促进了高技术企业进入边际、扩展边际和集约边际的提升，表明数字经济发展水平的提高有利于推动高技术企业参与出口，同时有利于企业出口种类的多元化以及出口数量的增长。企业规模、成立时间及生产率水平对高技术企业参与出口市场、出口扩展边际和集约边际均起到显著促进作用，融资约束和工资水平则起到了阻碍作用。

表 5 – 3　　　　　数字经济发展对高技术企业出口的影响

变量	模型 1	模型 2	模型 3
	进入边际	扩展边际	集约边际
$digital$	0.1557 *** (0.0168)	0.5309 *** (0.0539)	0.9424 *** (0.0796)
$size$	0.0184 *** (0.0033)	0.0987 *** (0.0107)	0.2084 *** (0.0146)
age	0.0023 *** (0.0003)	0.0022 ** (0.0011)	− 0.0262 *** (0.0014)
tfp	0.0125 *** (0.0035)	0.3836 *** (0.0114)	0.5197 *** (0.0163)
$clratio$	− 0.0205 *** (0.0025)	− 0.0790 *** (0.0082)	0.0038 (0.0124)
$finance$	− 0.0720 *** (0.0127)	− 0.7064 *** (0.0454)	− 0.5482 *** (0.0647)
hhi	− 0.0114 (0.4693)	− 2.3885 (1.9676)	− 4.5199 (3.1585)
$wage$	− 0.0043 *** (0.0011)	− 0.0164 *** (0.0031)	− 0.0368 *** (0.0085)
Constant	0.4458 *** (0.0715)	− 2.1376 *** (0.2737)	5.9205 *** (0.4139)
Obs	28 093	28 093	28 093
R^2	0.0328	0.1988	0.2628

注：（1）括号内为稳健标准误；（2）*** 、** 分别表示1%、5%的显著性水平。

二、异质性分析

（一）企业贸易方式

根据贸易方式的不同，将高技术企业划分为一般贸易企业和加工贸易企业。通过表 5 - 4 的回归结果可知，在进入边际、扩展边际和集约边际方面，数字经济发展水平对一般贸易企业和加工贸易企业均产生积极影响。数字经济发展水平对加工贸易企业参与出口市场以及集约边际增长所起到的积极影响要高于其对一般贸易企业的影响，而对一般贸易企业扩展边际的积极影响则高于对加工贸易企业的影响。这说明对于一般贸易企业，数字经济发展水平的提高更有助于激发企业生产多样化产品以及开拓多元市场的动力。与一般贸易相比，加工贸易可以节省增值税征退税期间的资金占用成本及在业务流程上的成本。因此，一般贸易更有降低成本的空间。加工贸易企业的技术消化、吸收能力较低，因此数字经济发展对加工贸易出口市场多元化的影响小于对一般贸易企业的影响。加工贸易的发展主要凭借劳动力优势，缺乏技术创新能力，因而数字经济发展通过技术创新能够对加工贸易企业的出口产生更大的促进作用。

表 5 - 4　　　　数字经济发展对高技术企业出口的影响

（一般贸易企业和加工贸易企业）

变量	(1)	(2)	(3)	(4)	(5)	(6)
	进入边际	扩展边际	集约边际	进入边际	扩展边际	集约边际
	X = 一般贸易企业			X = 加工贸易企业		
$digital$	0.1133 *** (0.0295)	0.7093 *** (0.0881)	0.2948 *** (0.1086)	0.1307 *** (0.0244)	0.1973 ** (0.0936)	1.1623 *** (0.1390)
$size$	-0.0060 (0.0055)	-0.0217 (0.0170)	0.0318 (0.0195)	0.0176 *** (0.0047)	0.2678 *** (0.0175)	0.2733 *** (0.0245)
age	0.0025 *** (0.0005)	-0.0013 (0.0014)	-0.0129 *** (0.0017)	0.0039 *** (0.0007)	0.0169 *** (0.0028)	-0.0216 *** (0.0040)

续表

变量	（1）	（2）	（3）	（4）	（5）	（6）
	进入边际	扩展边际	集约边际	进入边际	扩展边际	集约边际
	X = 一般贸易企业			X = 加工贸易企业		
tfp	0.0337 ***	0.4750 ***	0.4591 ***	0.0020	0.2721 ***	0.4830 ***
	（0.0064）	（0.0197）	（0.0229）	（0.0045）	（0.0176）	（0.0243）
clratio	− 0.0061	− 0.0383 ***	0.1178 ***	0.0184 ***	− 0.1462 ***	− 0.0387 **
	（0.0045）	（0.0136）	（0.0166）	（0.0033）	（0.0134）	（0.0178）
finance	− 0.1053 ***	− 0.9825 ***	− 0.2978 ***	− 0.0550 ***	− 0.5307 ***	− 0.8297 ***
	（0.0262）	（0.0822）	（0.0995）	（0.0154）	（0.0664）	（0.0923）
hhi	− 0.4127	− 1.1675	− 2.1859	− 0.7171	− 0.6739	− 11.1736 *
	（0.5825）	（2.3031）	（3.8693）	（0.7576）	（3.7114）	（5.9909）
wage	− 0.0074 ***	− 0.0470 ***	− 0.0399 ***	0.0011	− 0.0011	0.0066
	（0.0019）	（0.0060）	（0.0083）	（0.0011）	（0.0052）	（0.0067）
Constant	0.6640 ***	− 1.7948 ***	7.0333 ***	0.7017 ***	− 4.0282 ***	7.7121 ***
	（0.0964）	（0.3483）	（0.5153）	（0.1240）	（0.5415）	（0.8372）
Obs	11 515	11 515	11 515	9 092	9 092	9 092
R^2	0.0219	0.1594	0.1492	0.0351	0.2901	0.2689

注：（1）括号内为稳健标准误；（2）***、**、*分别表示1%、5%、10%的显著性水平。

（二）企业所有制

表5-5展示了数字经济发展对国有企业和非国有企业出口的影响差异。从回归结果可知，数字经济发展对高技术企业出口的促进作用主要体现在非国有企业，有利于促进非国有企业参与出口市场以及出口扩展边际和集约边际的提升。数字经济发展对国有企业是否参与出口市场以及出口集约边际增长的影响不明显，对国有企

业出口扩展边际具有显著的抑制作用。

表 5 - 5　　　　　数字经济发展对高技术企业出口的影响

（国有企业和非国有企业）

变量	（1） 进入边际	（2） 扩展边际	（3） 集约边际	（4） 进入边际	（5） 扩展边际	（6） 集约边际
	X = 国有企业			X = 非国有企业		
digital	- 0.0456 (0.0813)	- 0.5503 ** (0.2520)	0.2949 (0.3148)	0.1633 *** (0.0171)	0.5695 *** (0.0548)	0.9278 *** (0.0815)
size	0.0007 (0.0149)	0.0867 * (0.0499)	0.0517 (0.0493)	0.0252 *** (0.0034)	0.1169 *** (0.0110)	0.2738 *** (0.0153)
age	0.0028 *** (0.0007)	- 0.0028 (0.0023)	- 0.0025 (0.0025)	0.0031 *** (0.0004)	0.0097 *** (0.0014)	- 0.0230 *** (0.0018)
tfp	0.0493 *** (0.0159)	0.3299 *** (0.0494)	0.3416 *** (0.0539)	0.0054 (0.0036)	0.3726 *** (0.0117)	0.4891 *** (0.0170)
clratio	0.0003 (0.0135)	- 0.0607 (0.0399)	0.0758 * (0.0432)	- 0.0233 *** (0.0025)	- 0.0850 *** (0.0084)	- 0.0247 * (0.0127)
finance	- 0.0716 (0.1021)	- 0.4536 (0.3024)	- 0.0534 (0.3899)	- 0.0785 *** (0.0127)	- 0.7429 *** (0.0459)	- 0.6781 *** (0.0653)
hhi	0.1341 (0.5691)	0.8624 (2.4952)	- 1.7945 (3.7823)	- 0.1940 (0.8510)	- 2.8713 (3.1446)	- 2.4858 (5.5851)
wage	- 0.0082 (0.0055)	0.0265 (0.0188)	- 0.0309 (0.0203)	- 0.0035 *** (0.0011)	- 0.0193 *** (0.0032)	- 0.0363 *** (0.0088)
Constant	0.4176 *** (0.1394)	- 2.2581 *** (0.5735)	7.4683 *** (0.6307)	0.3418 *** (0.1158)	- 1.6035 *** (0.3867)	6.1097 *** (0.6428)
Obs	1 648	1 648	1 648	26 445	26 445	26 445
R^2	0.0535	0.1314	0.1792	0.0358	0.2094	0.2739

注：（1）括号内为稳健标准误；（2）***、**、*分别表示1%、5%、10%的显著性水平。

（三）本土企业与外资企业

为检验数字经济发展对不同所有制企业出口的异质性影响，将高技术企业划分为本土企业和外资企业。从表5-6的回归结果可以看出，数字经济发展对本土高技术企业在进入边际、扩展边际和集约边际方面的积极影响均大于对外资企业的影响，说明数字经济更有利于促进本土企业参与出口，更有利于推动出口市场多元化和出口数量的增长。可能因为数字经济主要服务于本土企业数字化水平的提高，因而更有利于其出口，外资企业对数字经济发展不够重视，因而数字经济对其出口的提升作用有限。

表5-6 数字经济发展对高技术企业出口的影响（本土企业和外资企业）

变量	(1)	(2)	(3)	(4)	(5)	(6)
	进入边际	扩展边际	集约边际	进入边际	扩展边际	集约边际
	X = 本土企业			X = 外资企业		
$digital$	0.1741 *** (0.0269)	0.5341 *** (0.0804)	1.0145 *** (0.1169)	0.0924 *** (0.0214)	0.4941 *** (0.0730)	0.5213 *** (0.1081)
$size$	0.0061 (0.0049)	-0.0153 (0.0153)	0.0921 *** (0.0188)	0.0297 *** (0.0043)	0.2281 *** (0.0149)	0.3083 *** (0.0214)
age	0.0025 *** (0.0004)	-0.0004 (0.0013)	-0.0152 *** (0.0016)	0.0074 *** (0.0007)	0.0317 *** (0.0026)	-0.0020 (0.0035)
tfp	0.0319 *** (0.0054)	0.4639 *** (0.0166)	0.5229 *** (0.0226)	-0.0076 * (0.0044)	0.2755 *** (0.0156)	0.4957 *** (0.0223)
$clratio$	-0.0157 *** (0.0039)	-0.0502 *** (0.0118)	0.0475 *** (0.0168)	-0.0266 *** (0.0032)	-0.1135 *** (0.0115)	-0.0593 *** (0.0167)
$finance$	-0.1017 *** (0.0225)	-1.0271 *** (0.0723)	-0.2682 *** (0.0983)	-0.0579 *** (0.0148)	-0.5404 *** (0.0578)	-1.0068 *** (0.0837)

续表

变量	（1）	（2）	（3）	（4）	（5）	（6）
	进入边际	扩展边际	集约边际	进入边际	扩展边际	集约边际
	X = 本土企业			X = 外资企业		
hhi	0.3837	-1.5106	-5.7742 *	-2.6924 *	-2.8203	-0.7305
	(0.5037)	(2.0874)	(3.3879)	(1.4499)	(5.2050)	(7.3268)
wage	-0.0067 ***	-0.0199 ***	-0.0269 **	-0.0014	-0.0053	-0.0399 ***
	(0.0022)	(0.0050)	(0.0135)	(0.0014)	(0.0043)	(0.0076)
Constant	0.3705 ***	-1.5663 ***	7.0006 ***	0.9423 ***	-2.3797 ***	6.7315 ***
	(0.0818)	(0.3061)	(0.4541)	(0.1538)	(0.6085)	(0.9535)
Obs	13 985	13 985	13 985	14 108	14 108	14 108
R^2	0.0328	0.1594	0.2149	0.0362	0.2600	0.2822

注：（1）括号内为稳健标准误；（2）***、**、* 分别表示1%、5%、10%的显著性水平。

（四）行业类型

为检验行业异质性，将高技术企业划分为应用互动型和科技创新型企业。数字经济发展水平对两类企业在进入边际、扩展边际和集约边际的影响方向上一致，但影响力度存在差异。在进入边际和集约边际方面，数字经济发展水平对科技创新型企业的促进效果更强烈。而在扩展边际方面，数字经济发展水平对应用互动型企业的积极影响较大，表示数字经济的发展更有利于促进应用互动型企业扩大出口市场多元化。这可能因为相比科技创新型企业，应用互动型企业的技术创新水平较低，因而数字经济的发展更能通过技术创新促进其高技术产品种类的研发（见表5-7）。

表 5 – 7　　　　　数字经济发展对高技术企业出口的影响

（应用互动型和科技创新型行业）

变量	（1）进入边际	（2）扩展边际	（3）集约边际	（4）进入边际	（5）扩展边际	（6）集约边际
	X = 应用互动型			X = 科技创新型		
digital	0.1295 *** (0.0198)	0.5781 *** (0.0633)	0.8442 *** (0.0949)	0.2135 *** (0.0317)	0.4193 *** (0.1028)	1.1732 *** (0.1365)
size	0.0232 *** (0.0039)	0.1354 *** (0.0131)	0.2593 *** (0.0184)	0.0089 (0.0061)	0.0319 * (0.0186)	0.0910 *** (0.0233)
age	0.0024 *** (0.0005)	0.0114 *** (0.0016)	– 0.0285 *** (0.0022)	0.0024 *** (0.0005)	– 0.0038 ** (0.0015)	– 0.0195 *** (0.0019)
tfp	0.0088 ** (0.0040)	0.3634 *** (0.0138)	0.5427 *** (0.0193)	0.0173 ** (0.0070)	0.3975 *** (0.0209)	0.4021 *** (0.0278)
clratio	– 0.0195 *** (0.0029)	– 0.1084 *** (0.0098)	0.0131 (0.0141)	– 0.0252 *** (0.0050)	– 0.0208 (0.0157)	– 0.0402 * (0.0212)
finance	– 0.0668 *** (0.0142)	– 0.8008 *** (0.0522)	– 0.6700 *** (0.0753)	– 0.0875 *** (0.0276)	– 0.4259 *** (0.0932)	– 0.3120 ** (0.1256)
hhi	2.0303 (2.6577)	2.2067 (9.7158)	– 6.4227 (13.6378)	0.0960 (0.5178)	– 2.0485 (2.1829)	– 6.6942 * (3.5866)
wage	– 0.0035 *** (0.0013)	– 0.0068 (0.0042)	– 0.0483 *** (0.0071)	– 0.0052 ** (0.0021)	– 0.0293 *** (0.0068)	– 0.0136 (0.0120)
Constant	0.4161 *** (0.1192)	– 2.0344 *** (0.4338)	5.6162 *** (0.6110)	0.4803 *** (0.0887)	– 1.3473 *** (0.3233)	8.0567 *** (0.5057)
Obs	18 749	18 749	18 749	9 344	9 344	9 344
R^2	0.0280	0.2423	0.2766	0.0316	0.1205	0.1171

注：（1）括号内为稳健标准误；（2）***、**、*分别表示1%、5%、10%的显著性水平。

（五）东部地区和中西部地区

表 5 - 8 是根据地区划分的结果，主要考察数字经济发展产生贸易效应的地区差异。数字经济发展对东部地区企业进入边际、扩展边际和集约边际均具有积极的促进作用，并且这一积极影响主要体现在集约边际的增长，说明数字经济发展水平提高有利于促进东部地区高技术企业参与出口，也有利于其出口市场的多元化和出口数量的增长。数字经济发展对中西部地区企业的扩展边际起到显著的促进作用，但对其是否出口以及出口数量的增长影响不明显。数字经济发展对中西部地区企业扩展边际的促进效果要优于东部地区企业，表明数字经济发展更有利于中西部地区开拓更多国际市场。一般来说，中西部地区的地理位置不如东部地区，与贸易伙伴国展开贸易并不便利，但是数字经济的发展可以有效打破地理距离对出口的限制，使得中西部地区的出口市场明显增加。

表 5 - 8　　　　数字经济发展对高技术企业出口的影响

（东部地区和中西部地区）

变量	（1）	（2）	（3）	（4）	（5）	（6）
	进入边际	扩展边际	集约边际	进入边际	扩展边际	集约边际
	X = 东部地区企业			X = 中西部地区企业		
digital	0.1242 ***	0.4045 ***	0.7227 ***	0.1990	2.6939 ***	1.6712
	（0.0172）	（0.0553）	（0.0815）	（0.3263）	（1.0039）	（1.4163）
size	0.0264 ***	0.1223 ***	0.2483 ***	- 0.0957 ***	- 0.0275	- 0.1415 **
	（0.0034）	（0.0113）	（0.0154）	（0.0169）	（0.0539）	（0.0644）
age	0.0018 ***	0.0024 *	- 0.0246 ***	0.0070 ***	0.0046	- 0.0107 **
	（0.0004）	（0.0013）	（0.0016）	（0.0011）	（0.0037）	（0.0052）

续表

变量	（1） 进入边际	（2） 扩展边际	（3） 集约边际	（4） 进入边际	（5） 扩展边际	（6） 集约边际
	X = 东部地区企业			X = 中西部地区企业		
tfp	0.0043 （0.0036）	0.3749 *** （0.0120）	0.5045 *** （0.0172）	0.1300 *** （0.0212）	0.2815 *** （0.0605）	0.4428 *** （0.0808）
clratio	− 0.0242 *** （0.0025）	− 0.0878 *** （0.0086）	− 0.0177 （0.0129）	0.0435 *** （0.0163）	0.0188 （0.0441）	0.2083 *** （0.0579）
finance	− 0.0809 *** （0.0128）	− 0.7341 *** （0.0465）	− 0.6181 *** （0.0662）	− 0.2539 ** （0.1159）	− 0.9704 *** （0.3259）	− 0.2717 （0.4477）
hhi	− 0.0467 （0.6078）	− 1.2126 （2.5187）	− 8.1137 ** （4.0367）	0.5883 （0.6716）	− 1.5460 （3.0389）	6.6184 （5.8751）
wage	− 0.0036 *** （0.0011）	− 0.0191 *** （0.0033）	− 0.0357 *** （0.0088）	− 0.0133 （0.0082）	− 0.0186 （0.0212）	− 0.0547 * （0.0315）
Constant	0.4158 *** （0.0940）	− 2.0783 *** （0.3584）	6.4280 *** （0.5146）	0.7738 *** （0.1770）	− 0.1894 （0.5830）	8.6975 *** （0.8967）
Obs	26 000	26 000	26 000	955	955	955
R^2	0.0295	0.2061	0.2683	0.0955	0.0846	0.1295

注：（1）括号内为稳健标准误；（2）*** 、** 、* 分别表示1%、5%、10%的显著性水平。

三、内生性分析

（一）动态面板

对于扩展边际和集约边际，采取将其滞后一期纳入模型作动态面板分析，以此考察高技术企业的出口动态，主要结果展示在

表 5-9 模型 1 和模型 2。从回归结果可以发现，扩展边际和集约边际的滞后项均显著为正，表示企业出口确实受到前期出口的影响。数字经济对企业出口集约边际的影响仍是积极的，对扩展边际的影响虽不明显，但方向为正。

（二）工具变量回归结果

在识别数字经济发展对出口的影响时面临两个内生性问题。一是遗漏变量。在基准回归中尽可能控制影响出口的多种因素，同时控制行业和年份固定效应，以此降低遗漏变量导致的内生性问题。二是反向因果问题。出口可能是数字经济迅速发展的原因，而非结果。为了解决以上内生性问题，采用工具变法，即将数字经济发展水平滞后一期作为数字经济发展的工具变量。工具变量通过了不可识别检验、弱工具变量检验。表 5-9 中模型 3~模型 5 是工具变量回归结果，可以看出降低内生性后，数字经济发展对高技术企业进入边际、扩展边际及集约边际的影响仍然显著为正。

表 5-9　　　　　　　　　　内生性分析

变量	模型 1	模型 2	模型 3	模型 4	模型 5
	扩展边际	集约边际	进入边际	扩展边际	集约边际
$L. Y$	0.8464 *** (0.0043)	0.7086 *** (0.0066)			
$digital$	0.0340 (0.0296)	0.4445 *** (0.0660)	0.1949 *** (0.0221)	0.3509 *** (0.0738)	1.5129 *** (0.1040)
$size$	0.0074 (0.0057)	0.0579 *** (0.0127)	0.0211 *** (0.0041)	0.0963 *** (0.0144)	0.1938 *** (0.0189)

续表

变量	模型 1	模型 2	模型 3	模型 4	模型 5
	扩展边际	集约边际	进入边际	扩展边际	集约边际
age	-0.0042 *** (0.0006)	-0.0119 *** (0.0013)	0.0017 *** (0.0004)	-0.0018 (0.0014)	-0.0267 *** (0.0019)
tfp	0.0585 *** (0.0064)	0.1975 *** (0.0143)	0.0039 (0.0043)	0.3949 *** (0.0154)	0.5529 *** (0.0204)
clratio	-0.0008 (0.0044)	0.0139 (0.0097)	-0.0243 *** (0.0030)	-0.0784 *** (0.0109)	0.0184 (0.0145)
finance	-0.0673 *** (0.0238)	-0.1229 ** (0.0529)	-0.0870 *** (0.0150)	-0.8058 *** (0.0583)	-0.5218 *** (0.0796)
hhi	-0.1661 (1.8615)	-0.9664 (3.5944)	-0.8998 (1.1310)	-2.1511 (4.3715)	0.7222 (5.7947)
wage	0.0015 (0.0019)	-0.0213 *** (0.0045)	-0.0046 *** (0.0013)	-0.0128 *** (0.0044)	-0.0524 *** (0.0065)
Constant	-0.2137 (0.1716)	1.5393 *** (0.3385)	0.6084 *** (0.1063)	-2.0437 *** (0.3947)	5.3572 *** (0.5244)
Kleibergen – Paap rk LM			4465.9540 [0.0000]	4465.9540 [0.0000]	4465.9540 [0.0000]
Cragg – Donald Wald F			7.8e+04	7.8e+04	7.8e+04
Obs	17 191	17 191	16 995	16 995	16 995
R^2	0.7464	0.6760	0.0228	0.2083	0.2953

注：圆括号内为标准误，方括号内为 p 值；***、** 分别表示 1%、5% 的显著性水平；模型控制了行业和年份固定效应。

四、稳健性检验

（一）更换变量

首先，采用变异系数法重新测算数字经济发展水平（*digital*1），回归结果显示在表5－10模型1～模型3，更换解释变量后的结果仍然稳健。此外。文章尝试将被解释变量中的出口扩展边际和集约边际分别用出口市场种类和出口目的地数量表示，回归结果显示数字经济发展仍对出口扩展边际和集约边际的影响显著为正。

表 5－10　　　　　　　　　　　　稳健性检验

变量	模型 1 进入边际	模型 2 扩展边际	模型 3 集约边际	模型 4 进入边际	模型 5 扩展边际	模型 6 集约边际
*digital*1	0.0243*** (0.0023)	0.0445*** (0.0075)	0.1066*** (0.0107)	0.1556*** (0.0168)	0.5271*** (0.0534)	0.9360*** (0.0777)
size	0.0196*** (0.0035)	0.0876*** (0.0113)	0.2102*** (0.0155)	0.0184*** (0.0033)	0.0918*** (0.0105)	0.2044*** (0.0143)
age	0.0023*** (0.0004)	0.0036*** (0.0012)	－0.0264*** (0.0015)	0.0023*** (0.0003)	0.0024** (0.0011)	－0.0260*** (0.0014)
tfp	0.0101*** (0.0037)	0.4003*** (0.0122)	0.5304*** (0.0168)	0.0125*** (0.0035)	0.3782*** (0.0113)	0.5082*** (0.0159)
clratio	－0.0210*** (0.0027)	－0.0745*** (0.0087)	0.0118 (0.0123)	－0.0205*** (0.0025)	－0.0755*** (0.0081)	0.0041 (0.0121)
finance	－0.0706*** (0.0133)	－0.7509*** (0.0478)	－0.5647*** (0.0681)	－0.0720*** (0.0127)	－0.6971*** (0.0449)	－0.5206*** (0.0628)
hhi	－1.9753* (1.0178)	－4.0961 (3.5194)	3.0557 (4.8638)	－0.0124 (0.4692)	－2.2557 (1.9467)	－4.2502 (2.9551)

续表

变量	模型 1	模型 2	模型 3	模型 4	模型 5	模型 6
	进入边际	扩展边际	集约边际	进入边际	扩展边际	集约边际
wage	-0.0045^{***}	-0.0135^{***}	-0.0435^{***}	-0.0043^{***}	-0.0176^{***}	-0.0352^{***}
	(0.0011)	(0.0037)	(0.0059)	(0.0011)	(0.0030)	(0.0083)
Constant	0.4056^{***}	-2.5272^{***}	4.0013^{***}	0.4459^{***}	-2.0404^{***}	6.0256^{***}
	(0.0963)	(0.3340)	(0.4578)	(0.0715)	(0.2675)	(0.3950)
Obs	25 258	25 258	25 258	28 093	28 093	28 093
R^2	0.0347	0.2013	0.2676	0.0328	0.1940	0.2646

注：（1）括号内为稳健标准误；（2）***、**、*分别表示1%、5%、10%的显著性水平。

（二）winsorize 去除极端值

为检验回归结果的稳健性，对主要解释变量和被解释变量进行 winsorize 处理。降低极端值后的结果展示在表 5 – 10 中模型 4 ~ 模型 6，数字经济发展水平对高技术企业在进入边际、扩展边际以及集约边际方面仍存在积极影响，且以促进集约边际增长为主，进一步保证了结论的稳健性。

五、影响渠道

本部分采用中介效应模型检验数字经济发展促进出口的渠道，揭示数字经济发展对高技术企业出口的内在影响机制。主要考察交易成本、创新和生产规模是否在数字经济促进企业出口的过程中起到中介作用。

$$\ln Y_{it} = \alpha_0 + \alpha_1 digital + \alpha_2 Z + v_{indus} + v_{year} + \varepsilon_{it} \qquad (5.3)$$

$$Channel_{it} = \beta_0 + \beta_1 digital + \beta_2 Z + v_{indus} + v_{year} + \varepsilon_{it} \qquad (5.4)$$

$$\ln Y_{it} = \gamma_0 + \gamma_1 digital + \gamma_2 Channel_{it} + \gamma_3 Z + v_{indus} + v_{year} + \varepsilon_{it}$$

$$(5.5)$$

参考黄群慧等（2019）的研究，采用销售费用率（saleratio）表示企业显性交易成本，参考洪俊杰等（2022）选择企业研发投入的对数作为企业创新的代理变量，采用企业总资产衡量企业规模。根据表 5 – 11 至表 5 – 13 的结果能够看出，数字经济发展水平的提高主要通过降低交易成本、技术创新以及扩大生产规模起到推动高技术企业参与出口以及出口扩展边际提升的作用，通过降低交易成本和扩大生产规模促进高技术企业出口集约边际的提高。数字经济改变了传统出口模式，降低了交易成本，有利于激发企业参与出口的意愿。数字经济衍生出很多新产业、新业态，通过技术创新可以生产出多样化的产品，并且数字经济打破了地理距离的限制，有效增加了出口市场的多元化，因而会促进出口扩展边际的提高。数字经济的发展有利于出口企业有效捕捉消费者偏好，增加国外需求，使得出口企业可以扩大生产规模，实现规模效益，从而提高企业出口集约边际。

表 5 – 11　　数字经济发展对高技术企业出口的影响机制

（中介变量：saleratio）

变量	(1)	(2)	(3)	(4)	(5)	(6)
	saleratio	进入边际	saleratio	扩展边际	saleratio	集约边际
saleratio		– 0.4806 *** (0.0495)		– 0.8011 *** (0.1227)		– 4.5403 *** (0.4210)

续表

变量	(1)	(2)	(3)	(4)	(5)	(6)
	saleratio	进入边际	*saleratio*	扩展边际	*saleratio*	集约边际
digital	0.0040	0.1576***	0.0040	0.5341***	0.0040	0.9605***
	(0.0041)	(0.0167)	(0.0041)	(0.0538)	(0.0041)	(0.0765)
size	0.0139***	0.0251***	0.0139***	0.1098***	0.0139***	0.2713***
	(0.0010)	(0.0033)	(0.0010)	(0.0109)	(0.0010)	(0.0148)
age	0.0003***	0.0024***	0.0003***	0.0025**	0.0003***	-0.0247***
	(0.0001)	(0.0003)	(0.0001)	(0.0011)	(0.0001)	(0.0014)
tfp	-0.0181***	0.0038	-0.0181***	0.3691***	-0.0181***	0.4376***
	(0.0014)	(0.0035)	(0.0014)	(0.0116)	(0.0014)	(0.0162)
clratio	-0.0075***	-0.0241***	-0.0075***	-0.0850***	-0.0075***	-0.0300**
	(0.0008)	(0.0025)	(0.0008)	(0.0083)	(0.0008)	(0.0117)
finance	-0.0060***	-0.0749***	-0.0060***	-0.7112***	-0.0060***	-0.5754***
	(0.0023)	(0.0127)	(0.0023)	(0.0455)	(0.0023)	(0.0640)
hhi	-0.1088*	-0.0637	-0.1088*	-2.4756	-0.1088*	-5.0138
	(0.0621)	(0.4722)	(0.0621)	(1.9634)	(0.0621)	(3.1575)
wage	0.0067***	-0.0010	0.0067***	-0.0110***	0.0067***	-0.0064
	(0.0010)	(0.0010)	(0.0010)	(0.0032)	(0.0010)	(0.0062)
Constant	0.0011	0.4464***	0.0011	-2.1367***	0.0011	5.9255***
	(0.0099)	(0.0720)	(0.0099)	(0.2736)	(0.0099)	(0.4133)
Obs	28 093	28 093	28 093	28 093	28 093	28 093
R^2	0.1706	0.0399	0.1706	0.2002	0.1706	0.2843

注：（1）括号内为稳健标准误；（2）***、**、*分别表示1%、5%、10%的显著性水平。

表 5 – 12　　数字经济发展对高技术企业出口的影响机制

（中介变量：*lnrd*）

变量	（1）lnrd	（2）进入边际	（3）lnrd	（4）扩展边际	（5）lnrd	（6）集约边际
lnrd		0.0060 *** （0.0011）		0.0224 *** （0.0043）		– 0.1229 *** （0.0056）
digital	0.4163 *** （0.1232）	0.1863 *** （0.0213）	0.4163 *** （0.1232）	0.6357 *** （0.0650）	0.4163 *** （0.1232）	0.5556 *** （0.0908）
size	0.6117 *** （0.0219）	0.0243 *** （0.0042）	0.6117 *** （0.0219）	0.0880 *** （0.0131）	0.6117 *** （0.0219）	0.3052 *** （0.0176）
age	0.0375 *** （0.0025）	0.0025 *** （0.0004）	0.0375 *** （0.0025）	0.0030 ** （0.0014）	0.0375 *** （0.0025）	– 0.0217 *** （0.0018）
tfp	0.0381 （0.0241）	0.0066 （0.0045）	0.0381 （0.0241）	0.3847 *** （0.0140）	0.0381 （0.0241）	0.5253 *** （0.0189）
clratio	– 0.1890 *** （0.0172）	– 0.0284 *** （0.0032）	– 0.1890 *** （0.0172）	– 0.0761 *** （0.0099）	– 0.1890 *** （0.0172）	– 0.0238 * （0.0137）
finance	– 1.0999 *** （0.0924）	– 0.0722 *** （0.0159）	– 1.0999 *** （0.0924）	– 0.7008 *** （0.0549）	– 1.0999 *** （0.0924）	– 0.7093 *** （0.0775）
hhi	– 12.0305 （8.2272）	– 1.7373 （1.4545）	– 12.0305 （8.2272）	– 5.0129 （4.7816）	– 12.0305 （8.2272）	– 5.4880 （6.3085）
wage	0.1083 *** （0.0097）	– 0.0032 ** （0.0013）	0.1083 *** （0.0097）	– 0.0179 *** （0.0041）	0.1083 *** （0.0097）	– 0.0195 *** （0.0062）
Constant	– 4.0659 *** （0.6969）	0.4988 *** （0.1190）	– 4.0659 *** （0.6969）	– 1.9705 *** （0.3927）	– 4.0659 *** （0.6969）	4.8750 *** （0.5230）
Obs	19 610	19 610	19 610	19 610	19 610	19 610
R^2	0.2033	0.0300	0.2033	0.2015	0.2033	0.2895

注：（1）括号内为稳健标准误；（2）***、**、* 分别表示 1%、5%、10% 的显著性水平。

表 5 –13　　　　数字经济发展对高技术企业出口的影响机制

（中介变量：*size*）

变量	（1） *size*	（2） 进入边际	（3） *size*	（4） 扩展边际	（5） *size*	（6） 集约边际
size		0.0184 *** （0.0033）		0.0987 *** （0.0107）		0.2084 *** （0.0146）
digital	0.0550 * （0.0331）	0.1557 *** （0.0168）	0.0550 * （0.0331）	0.5309 *** （0.0539）	0.0550 * （0.0331）	0.9424 *** （0.0796）
age	0.0246 *** （0.0006）	0.0023 *** （0.0003）	0.0246 *** （0.0006）	0.0022 ** （0.0011）	0.0246 *** （0.0006）	– 0.0262 *** （0.0014）
tfp	0.8645 *** （0.0046）	0.0125 *** （0.0035）	0.8645 *** （0.0046）	0.3836 *** （0.0114）	0.8645 *** （0.0046）	0.5197 *** （0.0163）
clratio	0.5055 *** （0.0046）	– 0.0205 *** （0.0025）	0.5055 *** （0.0046）	– 0.0790 *** （0.0082）	0.5055 *** （0.0046）	0.0038 （0.0124）
finance	– 0.0692 ** （0.0286）	– 0.0720 *** （0.0127）	– 0.0692 ** （0.0286）	– 0.7064 *** （0.0454）	– 0.0692 ** （0.0286）	– 0.5482 *** （0.0647）
hhi	2.8535 *** （1.0246）	– 0.0114 （0.4693）	2.8535 *** （1.0246）	– 2.3885 （1.9676）	2.8535 *** （1.0246）	– 4.5199 （3.1585）
wage	– 0.0213 *** （0.0034）	– 0.0043 *** （0.0011）	– 0.0213 *** （0.0034）	– 0.0164 *** （0.0031）	– 0.0213 *** （0.0034）	– 0.0368 *** （0.0085）
Constant	3.5593 *** （0.1458）	0.4458 *** （0.0715）	3.5593 *** （0.1458）	– 2.1376 *** （0.2737）	3.5593 *** （0.1458）	5.9205 *** （0.4139）
Obs	28 093	28 093	28 093	28 093	28 093	28 093
R^2	0.7860	0.0328	0.7860	0.1988	0.7860	0.2628

注：（1）括号内为稳健标准误；（2）***、**、*分别表示1%、5%、10%的显著性水平。

第六节　数字经济发展、不确定性与出口增长

当前，俄乌冲突升级，大国博弈加剧，外部环境逐渐趋向复杂多变。乌克兰事件对股价、石油价格以及汇率造成了巨大的短期冲击，加之新冠疫情的反复，世界环境充满了不确定性。在不确定的经济环境下，国际贸易也面临着不确定性。国际贸易的不确定性加剧了信息不对称和贸易风险，导致企业出口收益不确定，从而对出口决策造成影响。数字技术的迅猛发展能否缓解不确定性对出口的影响？刘和纳思（Liu & Nath，2013）认为，ICT 发展可以有效提高企业获得国外市场信息的速度，企业根据国际市场的需求变化能够及时调整生产和出口，降低贸易的不确定性。为检验不确定贸易环境下数字经济发展是否仍能起到促进出口的作用，构建如下模型：

$$\ln Y_{it} = \beta_0 + \beta_1 digital + \beta_2 digital \times tpu + \beta_3 tpu + \beta_4 Z + v_{indus} + v_{year} + \varepsilon_{it}$$

$$(5.6)$$

其中，tpu 表示贸易政策的不确定性，用以衡量不确定的贸易环境。重点考察交互项 $digital \times tpu$ 的系数 β_2，若系数为正，说明数字经济发展在不确定的贸易环境中仍能起到促进出口增长的作用；若系数为负，则表示数字经济发展和不确定性的共同作用不利于出口增长。

根据表 5 – 14 的回归结果可知，模型 1 ~ 模型 3 中交互项的系数均为正，且在模型 1 和模型 2 中分别通过了 1% 和 5% 的显著性检验，对出口扩展边际的影响虽然不显著，但影响方向为正。表明

在不确定贸易政策下，数字经济发展仍能起到积极推动高技术企业
参与出口以及出口数量增加的作用。

表 5-14　　贸易不确定性下数字经济发展对高技术企业出口的影响

变量	模型 1 进入边际	模型 2 扩展边际	模型 3 集约边际
digital	0.1061 *** (0.0206)	0.5124 *** (0.0690)	0.7961 *** (0.1044)
tpu	-0.0043 *** (0.0009)	0.0064 ** (0.0028)	-0.0243 *** (0.0043)
digital × tpu	0.0113 *** (0.0028)	0.0030 (0.0098)	0.0337 ** (0.0166)
size	0.0182 *** (0.0033)	0.0987 *** (0.0107)	0.2073 *** (0.0146)
age	0.0023 *** (0.0003)	0.0020 * (0.0011)	-0.0260 *** (0.0014)
tfp	0.0131 *** (0.0035)	0.3836 *** (0.0114)	0.5227 *** (0.0163)
clratio	-0.0203 *** (0.0025)	-0.0809 *** (0.0082)	0.0069 (0.0123)
finance	-0.0734 *** (0.0127)	-0.7066 *** (0.0454)	-0.5536 *** (0.0646)
hhi	0.0427 (0.4679)	-2.4573 (1.9759)	-4.2201 (3.1330)
wage	-0.0042 *** (0.0011)	-0.0170 *** (0.0032)	-0.0359 *** (0.0085)

续表

变量	模型 1	模型 2	模型 3
	进入边际	扩展边际	集约边际
Constant	0. 4513 *** (0. 0713)	− 2. 1461 *** (0. 2741)	5. 9494 *** (0. 4114)
Obs	28 059	28 059	28 059
R²	0. 0337	0. 1995	0. 2648

注：（1）括号内为稳健标准误；（2）***、**、*分别表示1%、5%、10%的显著性水平。

第七节　结论与政策启示

本章基于 2000～2007 年工企海关匹配数据，研究了数字经济发展对高技术企业出口的影响以及背后的影响机制。结果发现，数字经济发展能有效促进高技术企业进入国际市场，并且能促进出口扩展边际和集约边际的提升。异质性检验结果表明，数字经济发展对加工贸易企业、非国有企业、本土企业、科技创新型企业以及东部地区企业参与出口市场及出口集约边际的增长具有更大影响，而对于一般贸易企业、应用互动型企业以及中西部地区企业的出口扩展边际促进作用更大。中介效应表明，数字经济发展主要通过降低交易成本、提高技术创新水平、扩大生产规模对企业出口产生积极影响。进一步研究发现，在贸易政策不确定环境下，数字经济仍能起到促进高技术企业出口的作用。

基于以上研究结论，本章得出如下政策启示：第一，增强国内大循环内生动力和可靠性，提升国际循环质量和水平。在百年变局和世纪疫情的交织影响下，我国贸易推进面临许多挑战。数字经济对高技术企业出口效应的提升作用值得关注。尤其在贸易不确定环境下，数字经济仍能起到促进出口的作用，抑制贸易不确定对出口产生的不利影响。因此，应提高互联网普及率，持续加强数字基础设施建设，充分发挥数字经济对出口边际的提升作用。具体地，通过政府吸引多行业主体投资，加大对基础设施建设的投资规模，超前部署关键基础设施，重点解决数字基础设施建设存在的安全生产和技术发展问题。第二，考虑到数字经济发展对高技术企业出口具有差异化影响，如数字经济发展更有利于提高中西部地区企业的出口扩展边际。因此，应加快中西部地区数字经济的发展，在中西部城市加快构建先进网络基础设施和数据智能基础设施，进而带动中西部地区经济和贸易的发展，提高中西部地区的对外开放水平，缩小东西差距。

参 考 文 献

［1］曹亮，何成杰，李梦珊 . CAFTA 框架下中国进口三元边际及其决定因素［J］. 国际贸易问题，2014（5）：85 – 94.

［2］陈俊聪，黄繁华 . 中国对外直接投资的贸易效应研究［J］. 上海财经大学学报，2013（3）：58 – 65.

［3］陈强 . 高级计量经济学及 Stata 应用［M］. 北京：高等教育出版社，2014.

［4］陈修谦，郑花，夏飞，等 . 东盟国家知识产权保护对中国出口的影响效应及其提升对策［J］. 中国软科学，2021，（08）：130 – 139.

［5］崔日明，张玉兰，耿景珠 . 知识产权保护对新兴经济体贸易的影响——基于贸易引力模型的扩展［J］. 经济与管理评论，2019，35（03）：135 – 146.

［6］邓宗兵，曹宇芙，肖沁霖，等 . 数字经济发展、企业家精神与对外贸易韧性［J］. 经济经纬，2024，41（03）：68 – 81.

［7］杜传忠，管海锋 . 数字经济与我国制造业出口技术复杂度——基于中介效应与门槛效应的检验［J］. 南方经济，2021（12）：1 – 20.

［8］段小梅，陈罗旭 . 数字经济对高技术产业出口竞争力的空

间溢出效应——以长江经济带为例 [J]. 重庆工商大学学报（社会科学版），2022，39（4）：129 - 139.

[9] 范鑫. 数字经济与出口：基于异质性随机前沿模型的分析 [J]. 世界经济研究，2021（2）：64 - 76，135.

[10] 高越，任永磊，冯志艳. 贸易便利化与 FDI 对中国出口增长三元边际的影响 [J]. 经济经纬，2014，31（6）：46 - 51.

[11] 龚新蜀，杜江. 数字经济、绿色创新与企业绿色全要素生产率 [J]. 统计与决策，2024，40（02）：35 - 40.

[12] 顾夏铭，陈勇民，潘士远. 经济政策不确定性与创新——基于我国上市公司的实证分析 [J]. 经济研究，2018（2）：109 - 123.

[13] 郭炳南，王宇，张浩. 数字经济发展改善了城市空气质量吗——基于国家级大数据综合试验区的准自然实验 [J]. 广东财经大学学报，2022，37（1）：58 - 74.

[14] 郭小东，吴宗书. 创意产品出口、模仿威胁与知识产权保护 [J]. 经济学（季刊），2014，13（3）：1239 - 1260.

[15] 郭周明，裘莹. 数字经济时代全球价值链的重构：典型事实、理论机制与中国策略 [J]. 改革，2020（10）：73 - 85.

[16] 韩剑，陈艳. 金融发展与企业出口的二元边际 [J]. 世界经济与政治论坛，2014（1）：124 - 141，172.

[17] 韩亮亮，佟钧营，马东山. 经济政策不确定性与创新产出——来自 21 个国家和地区的经验证据 [J]. 工业技术经济，2019，38（01）：11 - 18.

[18] 韩平平. 中国 1996—2009 年中间产品进出口增长的三元边际分析 [J]. 陕西师范大学学报，2014，43（5）：159 - 166.

［19］韩先锋，宋文飞，李勃昕．互联网能成为中国区域创新效率提升的新动能吗［J］．中国工业经济，2019，（07）：119 - 136.

［20］洪俊杰，蒋慕超，张宸妍．数字化转型、创新与企业出口质量提升［J］．国际贸易问题，2022（3）：1 - 15.

［21］胡沅洪，戴一鑫，孙生．经济政策不确定性对制造业出口技术复杂度的影响研究［J］．软科学，2021，35（08）：14 - 22.

［22］华岳，郑文卓，肖皓．企业对外直接投资如何影响出口产品质量［J］．宏观质量研究，2024，12（02）：1 - 14.

［23］黄群慧，余泳泽，张松林．互联网发展与制造业生产率提升：内在机制与中国经验［J］．中国工业经济，2019（8）：5 - 23.

［24］黄智，陆善勇．经济政策不确定性、垂直专业化与中国制造业出口竞争力［J］．统计与决策，2021，37（14）：125 - 128.

［25］蒋冠宏，蒋殿春．中国企业对外直接投资的"出口效应"［J］．经济研究，2014（5）：160 - 173.

［26］亢梅玲，马丹，李涛．知识产权保护对中国出口种类、价格和数量的影响研究［J］．国际贸易，2016（4）：16 - 27.

［27］李诚浩，任保平．数字经济驱动我国全要素生产率提高的机理与路径［J］．西北大学学报（哲学社会科学版），2023，53（04）：159 - 167.

［28］李凤羽，杨墨竹．经济政策不确定性会抑制企业投资吗？——基于中国经济政策不确定指数的实证研究［J］．金融研究，2015（4）：115 - 129.

［29］李宏兵，唐莲，王岩．数字经济发展与出口韧性：来自我国地级市层面的经验证据［J］．重庆理工大学学报（社会科学），

2024, 38 (01): 31 - 50.

[30] 李江, 吴玉鸣. 数字经济与区域自主创新和模仿创新——基于省级面板数据的实证分析 [J]. 经济体制改革, 2023, (04): 70 - 78.

[31] 李霞, 邵建春. 中国知识产权保护对出口技术复杂度提升的异质性影响 [J]. 浙江学刊, 2021, (01): 116 - 124.

[32] 林志帆. 中国的对外直接投资真的促进出口吗 [J]. 财贸经济, 2016 (2): 100 - 112.

[33] 刘娟, 曹杰. 知识产权保护对中国高技术产品进口的影响路径研究——基于三元边际的实证考察 [J]. 现代财经, 2013 (2): 111 - 118.

[34] 刘瑶, 丁妍. 中国 ICT 产品的出口增长是否实现了以质取胜 [J]. 中国工业经济, 2015 (1): 52 - 64.

[35] 刘竹青, 佟家栋. 内外经济政策不确定对中国出口贸易及其发展边际的影响 [J]. 经济理论与经济管理, 2018 (7): 16 - 30.

[36] 罗艳菊, 危荣昊, 黄宇, 等. 数字经济对旅游业碳排放效率的影响与作用路径 [J]. 统计与决策, 2024, 40 (20): 84 - 89.

[37] 马博飞, 方虹, 张军峰, 等. 知识产权保护、模仿威胁、研发能力与高技术产品出口 [J]. 教学的实践与认识, 2016, 46 (13): 56 - 65.

[38] 毛其淋, 许家云. 中国对外直接投资促进抑或抑制了企业出口? [J]. 数量经济技术经济研究, 2014 (9): 3 - 21.

[39] 孟庆斌, 师倩. 宏观经济政策不确定性对企业研发的影响: 理论与经验研究 [J]. 世界经济, 2017, 40 (09): 75 - 98.

[40] 缪陆军, 陈静, 范天正, 等. 数字经济发展对碳排放的

影响——基于 278 个地级市的面板数据分析 [J]. 南方金融, 2022 (2): 45 - 57.

[41] 欧忠辉, 姜南, 马艺闻. 国别差异视角下知识产权保护对数字服务贸易的影响机制研究 [J]. 科研管理, 2024, 45 (03): 161 - 170.

[42] 潘家栋, 韩沈超. 经济政策不确定性对我国出口贸易影响的实证分析 [J]. 浙江学刊, 2018 (6): 105 - 115.

[43] 潘爽, 唐绅峰, 叶德珠, 等. 数字经济对出口技术复杂度的影响研究——基于城市面板数据的实证分析 [J]. 财贸研究, 2024, 35 (02): 15 - 30.

[44] 柒江艺, 许和连. 知识产权政策的进口贸易效应: 扩张或垄断 [J]. 财经研究, 2011 (1): 68 - 78.

[45] 齐俊妍, 任奕达. 数字经济渗透对全球价值链分工地位的影响——基于行业异质性的跨国经验研究 [J]. 国际贸易问题, 2021 (9): 105 - 121.

[46] 綦建红, 陈晓丽. 中国 OFDI 的出口效应: 基于东道国经济发展水平差异的实证分析 [J]. 学海, 2011 (3): 136 - 142.

[47] 钱学锋, 熊平. 中国出口增长的二元边际及其因素决定 [J]. 经济研究, 2010 (1): 65 - 79.

[48] 申明浩, 谭伟杰, 陈钊泳. 数字经济发展对企业创新的影响——基于 A 股上市公司的经验证据 [J]. 南方金融, 2022 (2): 30 - 44.

[49] 沈国兵, 姚白羽. 知识产权保护与中国外贸发展: 以高技术产品进口贸易为例 [J]. 南开经济研究, 2010 (3): 135 - 152.

[50] 盛斌, 高疆. 数字贸易: 一个分析框架 [J]. 国际贸易

问题，2021（8）：1-18.

[51] 盛丹，包群，王永进．基础设施对中国企业出口行为的影响："集约边际"还是"扩展边际"[J]．世界经济，2011，34（1）：17-36.

[52] 施炳展．互联网与国际贸易——基于双边双向网址链接数据的经验分析 [J]．经济研究，2016，51（5）：172-187.

[53] 施炳展．中国出口增长的三元边际 [J]．经济学（季刊），2010，9（4）：1311-1330.

[54] 宋伟良，王焱梅．进口国知识产权保护对中国高技术产品出口的影响——基于贸易引力模型的扩展 [J]．宏观经济研究，2016，（09）：162-175.

[55] 宋玉禄，陈欣，施文韵．经济政策不确定性冲击下企业研发的"风险"与"机遇"——基于传统产业与先进制造业对比 [J]．企业经济，2018，37（10）：35-43.

[56] 苏杭，卢笑同．数字经济发展提升了城市出口韧性吗 [J]．技术经济，2023，42（09）：67-82.

[57] 苏理梅，彭冬冬，兰宜生．贸易自由化是如何影响我国出口产品质量的？——基于贸易政策不确定性下降的视角 [J]．财经研究，2016（4）：61-70.

[58] 隋月红，赵振华．我国 OFDI 对贸易结构影响的机理与实证——兼论我国 OFDI 动机的拓展 [J]．财贸经济，2012（4）：84-89.

[59] 孙黎，许唯聪．数字经济对地区全球价值链嵌入的影响——基于空间溢出效应视角的分析 [J]．经济管理，2021，43（11）：16-34.

［60］覃朝勇，朱帮助．数字经济是否提升了低碳贸易竞争力？——来自中国—东盟国家的证据［J］．广西大学学报（哲学社会科学版），2023，45（06）：137－148．

［61］佟家栋，李胜旗．贸易政策不确定性对出口企业产品创新的影响研究［J］．国际贸易问题，2015（6）：25－32．

［62］万晓榆，罗焱卿．数字经济发展水平测度及其对全要素生产率的影响效应［J］．改革，2022（1）：101－118．

［63］王瀚迪，袁逸铭．数字经济、目的国搜寻成本和企业出口产品质量［J］．国际经贸探索，2022，38（1）：4－20．

［64］王佳，刘美玲．OFDI对母国高技术产业出口技术复杂度影响研究［J］．科技管理研究，2019，39（02）：241－247．

［65］王杰，刘斌，孙学敏．对外直接投资与企业出口行为——基于微观企业数据的经验研究［J］．经济科学，2016（1）：89－101．

［66］王晶，徐玉冰．知识产权保护对我国ICT产品出口的影响研究——以"一带一路"沿线国家为例［J］．价格理论与实践，2022，（02）：112－115＋201．

［67］王孝松，施炳展，谢申祥，赵春明．贸易壁垒如何影响了中国的出口边际？——以反倾销为例的经验研究［J］．经济研究，2014，49（11）：58－71．

［68］王孝松，周钰丁．经济政策不确定性、企业生产率与贸易高质量发展［J］．中国人民大学学报，2022，36（02）：8－23．

［69］王妍，范爱军．中国对"一带一路"国家直接投资与东道国出口产品质量［J］．经济经纬，2023，40（03）：66－76．

［70］魏浩，郭也．中国进口增长的三元边际及其影响因素研究［J］．国际贸易问题，2016（2）：37－49．

［71］魏友岳，刘洪铎. 经济政策不确定性对出口二元边际的影响研究——理论及来自中国与其贸易伙伴的经验证据［J］. 国际商务（对外经济贸易大学学报），2017（1）：28－39.

［72］翁润. 知识产权保护对中国出口增长三元边际的影响研究［D］. 厦门：集美大学，2016.

［73］吴金龙，陈启斐，傅康生. 服务业对外直接投资的出口效应——基于我国微观企业的研究［J］. 南方经济，2021，（10）：66－84.

［74］谢申祥，冯玉静. 经济政策不确定性与企业出口——基于中国工业企业数据的实证研究［J］. 当代财经，2018，（09）：91－101.

［75］熊漫漫. ODI 对我国出口贸易结构的影响——以欧盟为例［D］. 北京：首都经济贸易大学，2016.

［76］辛大楞. 金融市场发展、跨境资本流动与国家金融安全研究［M］. 北京：中国社会科学出版社，2023.

［77］许陈生，高琳. 我国知识产权保护与高技术产品进口［J］. 国际贸易，2012（6）：36－46.

［78］杨连星，张杰，金群. 金融发展、融资约束与企业出口的三元边际［J］. 国际贸易问题，2015（4）：95－105.

［79］余姗，樊秀峰，蒋皓文. 数字经济对我国制造业高质量走出去的影响——基于出口技术复杂度提升视角［J］. 广东财经大学学报，2021，36（2）：16－27.

［80］余长林. 知识产权保护如何影响了中国的出口边际［J］. 国际贸易问题，2015（9）：43－54.

［81］余长林. 知识产权保护与发展中国家的经济增长［D］.

厦门：厦门大学，2009.

［82］袁瀚坤，韩民春. 数字经济发展对企业出口产品质量的影响研究［J］. 当代财经，2023，（11）：106－120.

［83］张本照，杨园园，张燕. 经济政策不确定性、对外直接投资和企业出口二元边际［J］. 国际商务（对外经济贸易大学学报），2022，（04）：71－87.

［84］张兵兵，田曦. 目的国经济政策不确定性如何影响中国企业的出口产品质量？［J］. 世界经济研究，2018，（12）：60－71＋133.

［85］张春萍. 中国对外直接投资的贸易效应研究［J］. 数量经济技术经济研究，2012（6）：74－85.

［86］张春媛，顾国达，张川川，等. 数字经济与中国企业出口产品质量：理论机制与经验事实［J］. 浙江社会科学，2024，（05）：4－19＋156.

［87］张慧颖，刘祎康，刘大勇. 知识产权保护下对外直接投资的出口效应研究［J］. 科研管理，2023，44（09）：141－151.

［88］张纪凤，黄萍. 替代出口还是促进出口——我国对外直接投资对出口的影响研究［J］. 国际贸易问题，2013，（3）：95－103.

［89］张杰，郑文平. 政府补贴如何影响中国企业出口的二元边际［J］. 世界经济，2015，38（6）：22－48.

［90］张琳琛，董银果，王悦. 知识产权保护对植物类农产品双边贸易的影响［J］. 商业研究，2022，（04）：140－152.

［91］张天硕，王陆舰，武艳芳. 数字化水平对全球价值链网络地位的影响研究［J］. 经济经纬，2024，41（03）：54－67.

［92］张微微，王曼青，王媛，等．区域数字经济发展如何影响全要素生产率？——基于创新效率的中介检验分析［J］．中国软科学，2023，（01）：195－205．

［93］张艳萍，凌丹，刘慧岭．数字经济是否促进中国制造业全球价值链升级？［J］．科学学研究，2022，40（1）：57－68．

［94］张源媛，兰宜生．知识产权保护对我国高新技术产品进口的影响［J］．中国流通经济，2013（8）：113－118．

［95］赵涛，张智，梁上坤．数字经济、创业活跃度与高质量发展——来自中国城市的经验证据［J］．管理世界，2020，36（10）：65－76．

［96］郑哈哈，袁懿．知识产权保护对高新技术产品出口贸易的影响研究［J］．北方经济，2010（8）：65－66．

［97］钟建军．中国高技术产品出口真的超过日本了吗——基于三元边际分解的实证分析［J］．国际贸易问题，2016（11）：86－96．

［98］邹靖．数字经济、企业加成率与全球价值链位势攀升［J］．统计与决策，2024，40（04）：140－145．

［99］Amurgo-pacheco A，Pierola M D. Patterns of Export Diversification in Developing Countries：Intensive and Extensive Margins［J］．Policy Research Working Paper，2008．

［100］Atanassov, J. , Julio, B. & Leng, T. The bright side of political uncertainty：the case of R&D［J］．Social Science Electronic Publishing，2015．

［101］Baker S R，Bloom N，Davis S J. Measuring Economic Policy Uncertainty［J］．Quarterly Journal of Economics，2016，134（4）：

1593 – 1636.

[102] Bartelsman, E., J. Haltiwanger, S. Scarpetta. Cross – Country Differences in Productivity: The Role of Allocation and Selection [J]. American Economic Review, 2013, 103 (1): 305 – 334.

[103] Bernanke B S. Irreversibility, Uncertainty, and Cyclical Investment [J]. Quarterly Journal of Economics, 1983, 98: 85 – 106.

[104] Bhasin N, Paul J. Exports and outward FDI: are they complements or substitutes? Evidence from Asia [J]. Multinational Business Review, 2016, 24 (1): 62 – 78.

[105] Bloom N, Bond S, Van R J. Uncertainty and Investment Dynamics [J]. The Review of Economic Studies, 2007, 74 (2): 391 – 415.

[106] Bo – Fei M A, Fang H, Zhang J F, et al. Study of the Effect of Intellectual Property Rights Protection on the Export Trade of Chinese High – Tech Products [J]. Mathematics in Practice & Theory, 2016.

[107] Braga C A P, Fink C. The Relationship between Intellectual Property Rights and Foreign Direct Investment [J]. Duke Journal of Comparative and International Law, 1998.

[108] Broda C, Limão N, Weinstein D. Optimal Tariffs: The Evidence [J]. NBER Working Papers, 2006.

[109] Delgado M, Kyle M, Mcgahan A M. Intellectual Property Protection and the Geography of Trade [J]. Journal of Industrial Economics, 2013, 61 (3): 733 – 762.

[110] Falvey R, Foster N, Greenaway D. Intellectual Property

Rights and Economic Growth [J]. Review of Development Economics, 2006, 10 (4): 700 – 719.

[111] Feng L, Li Z, Swenson D L. Trade Policy Uncertainty and Exports: Evidence from China's WTO accession [J]. Journal of International Economics, 2017, 106: 20 – 36.

[112] Fonseca M, Mendon A A, Passos J. Home Country Trade Effects of Outward FDI: an analysis of the Portuguese case, 1996 – 2007 [J]. Fep Working Papers, 2010.

[113] Freund C L, Weinhold D. On the Effect of the Internet on International Trade [J]. Journal of International Economics, 2004, 62 (1): 171 – 189.

[114] Ginarte J C, Park W G. Determinants of patent rights: A cross-national study [J]. Research Policy, 1997, 26 (3): 283 – 301.

[115] Goh S K, Wong K N, Tham S Y. Does Outward FDI Matter in International Trade? Evidence from Malaysia [J]. Mpra Paper, 2012.

[116] Goldfarb, A., Tucker C. Digital Economics [J]. Journal of Economic Literature, 57 (1): 3 – 43.

[117] Greenland A, Ion M, Lopresti J. Policy Uncertainty and the Margins of Trade [J]. SSRN Electronic Journal, 2014.

[118] Gu X, Han L, Zhou Y. Difference in Industrial Structure and Effect of ODI on Export: Theory and Evidence from the "China-host Country" Perspective [J]. Economic Research Journal, 2016.

[119] Handley K, Limão N. Trade and Investment under Policy Uncertainty: Theory and Firm Evidence [J]. American Economic Jour-

nal: Economic Policy, 2015, 7 (4): 189 - 222.

[120] Helpman E, Melitz M, Rubinstein Y. Estimating Trade Flows: Trading Partners and Trading Volumes [J]. Quarterly Journal of Economics, 2008, 123 (2): 441 - 487.

[121] Hummels D, Klenow P. The Variety and Quality of a Nation's Exports [J]. The American Economic Review, 2005, 95 (3): 704 - 723.

[122] Ivus O. Do Stronger Patent Rights Raise High - Tech Exports to the Developing World? [J]. Working Papers, 2010, 81 (1): 38 - 47.

[123] Ivus O. Does Stronger Patent Protection Increase Export Variety? Evidence from U. S. Product - Level Data [J]. Journal of International Business Studies, 2015, 46 (6): 724 - 731.

[124] Ivus O. Trade-related Intellectual Property Rights: Industry Variation and Technology Diffusion [J]. Canadian Journal of Economics/ revue Canadienne Déconomique, 2011, 44 (1): 201 - 226.

[125] Kabir M, Salim R. Is Trade in Electrical and Electronic Products Sensitive to IPR Protection? Evidence from China's Exports [J]. Applied Economics, 2016, 48 (21): 1991 - 2005.

[126] Kang K. Is the relationship between foreign direct investment and trade different across developed and developing countries? Evidence from Korea [J]. Asian-pacific Economic Literature, 2012, 26 (2): 144 - 154.

[127] Knight F H. Risk, Uncertainty and Profit [M]. Chicago: University of Chicago Press, 1921.

[128] Lancheros S. Exports, outward FDI and technology upgrading: firm level evidence from India [J]. Journal of Development Studies, 2016, 52 (10): 1 - 16.

[129] Liu L, Nath H K. Information and Communications Technology and Trade in Emerging Market Economies [J]. Emerging Markets Finance and Trade, 2013, 49 (6): 67 - 87.

[130] Liu Z, Xu Y, Wang P, et al. A pendulum gravity model of outward FDI and export [J]. International Business Review, 2016, 25 (6): 1356 - 1371.

[131] Maskus K E, Penubarti M. How trade-related are Intellectual Property Rights? [J]. Journal of International Economics, 1995, 39 (3 - 4): 227 - 248.

[132] Melitz M J. The Impact of Trade on Intra - Industry Reallocations and Aggregate Industry Productivity [J]. Econometrica, 2003, 71 (6): 1695 - 1725.

[133] Mundell. International Trade with Factor Mobility [J]. American Economic Review, 1957, 47: 321 - 335.

[134] Nayyar R. The Impact of Outward FDI on Home Country's Exports and Imports: The Case of India [C]//ICSSR Sponsored National Seminar on Reforms for Transforming India: A Road Ahead, 2017.

[135] Osnago A, Piermartini, Roberta, Rocha N. Trade Policy Uncertainty As Barrier to Trade [J]. WTO Staff Working Paper, 2015, No. ERSD - 2015 - 05.

[136] Peter C. Y. Chow. The effect of outward foreign direct investment on home country's export: A case study on Taiwan, 1989—2006

[J]. Journal of International Trade & Economic Development, 2012, 21 (5): 725 – 754.

[137] Pradhan J P. Strengthening Intellectual Property Rights Globally: Impact on India's Pharmaceutical Exports [J]. Singapore Economic Review, 2007, 52 (2): 233 – 250.

[138] Rapp R T, Rozek R P. Benefits and costs of intellectual property protection in developing countries [J]. Journal of World Trade, 1990, 24 (5): 75 – 102.

[139] Schwartz E S, Zozaya – Gorostiza C. Investment Under Uncertainty in Information Technology: Acquisition and Development Projects [J]. Management Science, 2003, 49 (1): 57 – 70.

[140] Shin W, Lee K, Park W G. When an Importer's Protection of IPR Interacts with an Exporter's Level of Technology: Comparing the Impacts on the Exports of the North and South [J]. World Economy, 2016, 39 (6): 772 – 802.

[141] Tinbergen, J. Shaping the World Economy [M]. New York: The Twentieth Century Fund, 1962.

[142] Wang S., Guo R. The Impact of Intellectual Property Rights on High-tech Exports of the South: An Empirical Study, 2012.

[143] Wang X. Export Effect of China's Outward FDI: Provincial Panel Data Analysis [J]. International Business Research, 2017, 10 (7): 148.

[144] Weng Y, Yang C H, Huang Y J. Intellectual Property Rights and U. S. Information Goods Exports: The Role of Imitation Threat [J]. Journal of Cultural Economics, 2009, 33 (2): 109 – 134.

［145］ Yang G，Maskus K E. Intellectual Property Rights，Licensing and Innovation in an Endogenous Product Cycle Model ［J］. Journal of International Economics，2001，53（1）：169 – 187.

［146］ Yeaple，S. R. Firm Heterogeneity and the Structure of U. S. Multinational Activity ［J］. Journal of International Economics，2009，78（2）：206 – 215.